倾情教育
不负芳华

马 莹／著

吉林文史出版社

图书在版编目（CIP）数据

倾情教育　不负芳华 / 马莹著. — 长春：吉林文
史出版社，2020.7

ISBN 978-7-5472-7008-0

Ⅰ．①倾… Ⅱ．①马… Ⅲ．①教育—随笔—中国—文
集 Ⅳ．①G52-53

中国版本图书馆CIP数据核字（2020）第115575号

倾情教育　不负芳华

QINGQING JIAOYU BUFU FANGHUA

著 作 者：马　莹
责任编辑：程　明
封面设计：姜　龙
出版发行：吉林文史出版社有限责任公司
电　　话：0431-81629369
地　　址：长春市福祉大路5788号
邮　　编：130117
网　　址：www.jlws.com.cn
印　　刷：北京政采印刷服务有限公司
开　　本：170mm×240mm　1/16
印　　张：16　　　　　字　　数：288千字
印　　次：2022年6月第1版　2022年6月第1次印刷
书　　号：ISBN 978-7-5472-7008-0
定　　价：45.00元

序 言

不忘初心，永葆教育芳华

（代序）

一生只做一件事，这是一份可贵的执着。

把教育作为一份执着，就是一种可爱的不忘初心，也是一份令人尊敬的敬业情怀。兰州市第十六中学马莹校长的《倾情教育 不负芳华》一书，即将付梓，字里行间透露着的是满满的执着、敬业与情怀。

马莹校长深情地写道："（教育）这路一走就是27年，我喜欢看孩子们天真纯洁的笑脸。即使遇到了不愉快，走近孩子们，与他们聊聊天，一切就都成了'浮云'，生活也因有了孩子们的存在而变得充实饱满。"做教师，做校长，一位教育者的形象跃然纸上。这决然不在一朝一夕，一定是一个久久为功的结果。

苏霍姆林斯基、陶行知等教育家最伟大的可贵就是扎根在校园这片干净而安静的土地上，一生不辍地勤劳"耕耘"——伟大和美好就是这样练就的。

在教育的土地上长出来的鲜花最美、最真。

我常读苏霍姆林斯基、陶行知的教育故事，也常被他们朴实的教育情怀和鲜活的教育智慧感动。他们的赤子之心始终跟学生的青春之心一起跳动，他们的鲜活生命始终与学生的喜怒哀乐紧紧相连。

情同此心，心同此理。我今天阅读《倾情教育 不负芳华》，似乎也找到了怦然打动心灵最柔软的地方的一些文字，这是这本书所具有的珍贵价值，也可能呈现出教育本身的珍贵价值——只有怀揣一颗赤子之心，我们才能做好师者表率。

马莹校长说，"人文、包容、担当"是影响她人生态度的三个词，这难道不正是教育者应该赋予教育的三种"态度"吗？

　　《倾情教育　不负芳华》记录了马莹老师走过的"十一步"教育之路，步步踏实；《倾情教育　不负芳华》记录了马莹老师的"十个"教学之痕，痕痕有情；《倾情教育　不负芳华》中的"择机而动""点滴思考"等，都是知性与理性融合而成的教育画面，立体而感人。

　　几年前，我和马莹老师从"教师发展学校"的同学到"名师发展学校"的同学，都在教师专业化成长的光明之路上同行。今天有幸成为她潜心之作的第一位读者，我深感自豪与骄傲。但愿她永葆教育芳华，继续绘制学生青春年华的五彩篇章，继续绘制我市基础教育的五彩华章。

　　谨为序。

高国君

2019年仲夏于金城

（作者系兰州市教育科学研究所副所长）

从敬业到乐业

（自序）

1992年毕业，到现在已经执教27年。27年来，我一直在教育岗位上工作，从语文教师到班主任，历任教研组长、年级组长、办公室主任、副校长、校长，但始终不变的工作是语文教学，始终不变的身份是语文教师。这是一个令人骄傲的身份，也是一个令人尊敬的身份。想起每次与外人第一次见面，别人都会猜我的身份：你是老师吧？是我的脸上写着，抑或长得就像，还是举手投足间就带着老师范儿？不得而知。

但是，我喜欢这个身份！

敬业，是一个人的本职；乐业，是一个人的境界。我对教师职业的认识也是经历了从敬业到乐业的过程：年轻时顺其自然地走上这个岗位；到慢慢地喜欢上学生，喜欢上这份职业；再到今天发自内心地喜爱和敬畏这份职业，进而以此作为自己的事业追求，执着而坚定。从初生牛犊不怕虎的冲锋在前，到谨慎细心的落实工作；从勇登讲台、积极参赛的赛者，到坐在台卜指导、点评的评委；从与学生交流的直言快语，到深入学生内心的娓娓道来……一路上，我成长不少，思考不少，感悟很多，收获也很多。于是，就有了平日里只言片语的积累；就有了今天这本《倾情教育 不负芳华》！这本书既对自己的教育道路进行了回顾总结，也希望对年轻教师的教育之路起到指点帮助之效。

一生最美好的时光给了教育事业，给了学生。今后，我还会继续在教育的道路上走下去，会继续像"春雨"般随风潜入，悄然降临，滋润万物。用自己的"心"润泽大地，拥抱万物！

马 莹

2019年4月30日

目 录
CONTENTS

3 第三辑
把握时机，择机而动

4 第四辑
课堂教学设计案例欣赏

5 第五辑
思想教育，润物无声

6 第六辑
点滴思考，印象汇聚

1

教育之路，这样走来

　　我从小就不是一个对未来有及时设计与规划的人，也没有宏伟的抱负与志向。记得很小的时候，我的理想是当售货员，因为那时候买东西不像现在是在超市里自由购物，而是一张柜台隔开售货员与购物者，售货员在柜台里闲庭信步地来回走着；购物的人拥挤在柜台外，你争我抢，有时甚至因为人多而挤不到柜台前。于是，他们成了我心中追求的目标。

　　后来，长大上学了。每次考试看到老师居高临下地"监视"我们（监考），我心中又是羡慕嫉妒恨。心想，我长大了也当教师，高高在上，"监视"着学生，一定很爽吧！于是，当售货员的梦想又变成了当教师。后来，果真当了教师，实现了监考梦。不承想，监考是件很痛苦的事情，无聊、瞌睡……但是一路走来，越走越有味儿，越走风景越美，与学生一起上课、交流、玩耍、鼓励、开玩笑……我慢慢地喜欢上了学生，喜欢上了这份职业。

　　教育之路，一路走来，两岸花红柳绿，满眼芬芳，收获满满。

走上教师之路

从小学到中学，我的学习不算优秀，因为我有个优秀的哥哥，我总是比不过他。于是，在他的"高压态势"下，我总是不自信。1989年高考，本科线是430分，专科线420分。我当时考了425分，超过专科线5分。当时，报志愿跟现在知道了分数之后，再根据历年报考指南和数据参考报名不同，而是在不知道分数的情况下，根据预估分数、个人喜好和对学校的认识提前报名，比较盲目。当时，我预估考分在390分左右。于是，母亲便不再抱任何能考上大学的希望，反而是"积极"地为我联系复读学校，甚至已经联系好了兰大附中。可是，志愿还得报，大人觉得没希望了，不操心，那就自己"操心"地瞎报一气。为了能有个学上，想着越偏远不是越没人去吗？自己就有希望了呗！于是，报的新疆石河子、张掖师专等，因为想着师范类录取分低。没想到，分数一出来，425分，傻了！我甚至回忆不起来自己都报哪儿了。在母亲的一番努力下，我最终幸运地来到兰州师范专科学校（现已更名为兰州城市学院）。

我对自己能考上专科非常满足，尤其经历了这样一番波折之后。那时候只要考上大学，照我爸的说法，就是吃国粮的，以后的生活、工作就有了保障。那时候，大学毕业国家包分配，不像现在还得自己找工作。而且，父母认为我一个女孩子，当教师挺好的：稳定、体面、安全，还有寒暑假期。就这样，不经意间走上了教师之路，没有什么波折，更没有什么奉献于教育事业的宏伟志向，也就是顺其自然吧！当时，对教师这份职业说不上喜欢，但也不讨厌，觉得是有了份工作而已。

就这样，我走上了命运安排好的教师之路。

对教师职业的再认识

毕业后，我服从国家分配，从兰州市教育局分配到城关区教育局，再分到十九中，开始了教师生涯。初登讲台，并没有干一番事业的雄心壮志，只是把教师当成了谋生的职业。但既然选择了这个职业，就要做好，就要对得起良心，对得起工资。这是父母对我的教育，也是一个普通知识分子家庭教育出来的标准国民的认识。

于是，我在这个岗位上一直干到现在，从没想过跳槽，也没想过改行。其间，我接触到形形色色的学生，接触到各种类型的家庭，尤其自己有了孩子后，对教育、对教师有了不一样的看法。如果说以前只是把教师这份工作当成一份职业的话，我想现在有一点儿把它当成事业的味道了。尤其是在一次研讨会上，我听到了一位教师朗诵台湾作家张晓风的一篇散文随笔——《我交给你们一个孩子》，我的内心受到了强烈触动，对职业和事业的认识也有了根本性的改变。那时，我已经是一位母亲，而她是那么真实地写出了我的心声……

现在，我把这篇文章分享给大家，因为我们每个人都是或都将会是家长。现在，我的角色是教师、是校长，站在这个角度上，我想一定能听出不一样的心声。

我交给你们一个孩子

张晓风

小男孩走出大门，返身向四楼阳台上的我招手，说："再见！"那是好多年前的事了，那个早晨是他开始上小学的第二天。

我其实仍然可以像昨天一样，再陪他一次，但我却狠下心来，看他自己单独去了。他有属于他的一生，是我不能相陪的。母子一场，只能看作一把借来的琴弦，能弹多久，便弹多久，但借来的岁月毕竟是有其归还期限的。

他欢然地走出长巷，很听话地既不跑也不跳，一副循规蹈矩的模样。我一个人怔怔地望着巷子下细细的朝阳而落泪。

想大声地告诉全城市，今天早晨，我交给你们一个小男孩，他还不知恐惧为何物，我却是知道的，我开始恐惧自己有没有交错？

我把他交给马路，我要他遵守规矩沿着人行道而行，但是，匆匆的路人啊，你们能够小心一点儿吗？不要撞倒我的孩子，我把我的至爱交给了纵横的道路，容许我看见他平平安安地回来。

我不曾搬迁户口，我们不要越区就读，我们让孩子读本区内的小学而不是某些私立明星小学，我努力去信任自己的教育当局，而且，是以自己的儿女为赌注来信任——但是，学校啊，当我把我的孩子交给你，你保证给他怎样的教育？今天清晨，我交给你一个欢欣诚实又颖悟的小男孩，多年以后，你将还我一个怎样的青年？

他开始识字，开始读书，当然，他也要读报纸、听音乐或看电视、电影，古往今来的撰述者啊，各种方式的知识传递者啊，我的孩子会因你们得到什么呢？你们将饮之以琼浆，灌之以醍醐，还是哺之以糟粕？他会因而变得正直、忠信，还是学会奸猾、诡诈？当我把我的孩子交出来，当他向这世界求知若渴，世界啊，你给他的会是什么呢？

世界啊，今天早晨，我，一个母亲，向你交出她可爱的小男孩，而你们将还我一个怎样的呢？！

　　这是一位母亲的心声，也是全世界所有母亲对社会、对教育、对教师的一份深深的期待，以及对孩子的安全和未来的担忧。作为教师，我想我们感受到更多的是一份沉甸甸的责任。

　　孩子是纯洁、诚实、快乐、聪明的，而我们这个社会，我们这个教育制度，我们这些教育工作者们，又该怎样做呢？孩子遵守规矩沿着人行横道认真走路，但这样能保证他的安全吗？作者担忧。孩子以渴求的心灵学习知识，而我们又会把他教育成一个什么样的人呢？母亲更担忧。但是，每个人毕竟都属于这个社会，母亲不能因为自己的担忧而不让他接触社会，所以只能远远地看着自己的孩子走出家门，怔怔地望着朝阳而落泪，这是一种怎样的复杂心情呀！

　　每个孩子都是父母的心肝宝贝，是父母生命的延续，身上寄托了父母所有的希望。父母把自己的宝贝交给我们时，是以儿女为赌注信任我们的。作为教师，尽管我们从事的是教育行业，但教育的力量有时又很难抵御社会不良因素的诱惑。在我们教育这些孩子的时间里，我们能教给他们什么？我想首先应该是培养他们良好的行为习惯，包括学习习惯、生活习惯、文明习惯、卫生习惯等，给他们以享用不尽的人生财富；其次教给他们正确的学习方法，因为良好的学习方法是人生成功的金钥匙；但更重要的是教他们怎样做一个合格的人！"教育的最终目的不是传授已有的东西，而是要把人的创造力诱导出来，将生命感、价值感唤醒。"（德国教育学家——斯普朗格）我们要唤醒孩子沉睡的潜能，让唤醒、激励、欣赏惠及孩子的一生，使之成为每一个孩子实现理想的源动力。

　　于是，我认识到职业和事业既有区别，也有联系，二者可能会互相转化。做一件事起初可能只是为了生计，但随着个人兴趣的增加及资源的丰富，职业很可能会变成一个人终生的事业。

　　教书是职业还是事业？区别在于是把教书看作手段还是目标。有人把教书育人本身当作人生的一种极大的乐趣，那么，培育出更多优秀的人才，桃李满天下就是他的目标，则教书育人本身就是他的事业；假如目标是通过教书而积累一笔丰富的教育资源，最终在教育系统里获得更高的职位，或者从事教育产业而赚取大钱，则教书暂时就是一份职业。

专业是基础，就业是开始，职业是手段，事业是目的。当一个人的就业与所学的专业一致时，人就会产生幸运感，工作就是享受；当一个人的职业与想要的事业一致时，人就会产生幸福感，工作就是享受。

梁启超在《敬业与乐业》中谈道："百行业为先，万恶懒为首。"各种德行中有"业"即职业是最重要的。首先要有职业，才能谈敬业、乐业。南宋理学家朱熹说"主一无适便是敬"，用现在的话讲就是，凡做好一件事，便忠于一件事，集中精力，心无旁骛，便是敬。有了敬的基础才能谈及乐业。当你能从自己的职业中领略出趣味，职业便成了事业。敬业即责任心，乐业即趣味。所以，我觉得我感受到了工作的乐趣，当然是教书的乐趣，和孩子们相处的乐趣。能享受到工作过程的乐趣，生活就是幸福的。

教育路上的恩师引领（一）

那天，坐在公交车上，接到十九中办公室主任的电话，说刘勤老师去世了，学校前去吊唁时，其家属谈到了我，说刘老师生前多次提到我……所以，虽然我已离开十九中四年了，学校还是要告诉我一声……听着电话，不由自主，我的鼻子一酸，眼泪夺眶而出……

刘勤，我的恩师，愿您一路走好！

毕业初登讲台，刘老师就是我的师父，学校安排的。当时，我们带同门课，在办公室里坐在对面，刘老师当时也就四十多岁，说话诙谐幽默，讲课妙趣横生，经常引得学生开怀大笑，学生们在笑声中学到知识、方法和做人的道理。学生们喜欢模仿他的文字书写，乍一看，还真以为是刘老师所写。刘老师爱跳舞，课间时偶尔也带办公室的女老师舞上一曲，活跃活跃气氛，锻炼锻炼身体，是大家的开心宝。当了我的师父，刘老师没少听我的课，当然，我也没少听他的课。在听课切磋中，我们的教育思想越来越投机，有很多一致的地方。

在他面前，我敢于表达自己的想法、见解，有时甚至跟他争上一争。因为他的语言极具艺术性，用现在课堂教学的时髦说法就是问题设计得有艺术性、开放性，让学生有话可说、有话想说。于是，在他这里，我找到了自信。前面提及，我家中有个优秀的哥哥，他总是比我优秀，让我不自信。没想到，上班后，我在师父这里找到了信心。

记得上班后第一次讲公开课《反对自由主义》，全区的语文老师都来听课。试讲后，听课的老师提出了很多修改建议，我在笔记本上记了满满四大页。讨论结束，我走回办公室，不知如何是好：一大堆意见，都要改正吗？时间够吗？还有互相矛盾的建议，我该听谁的？要是不听、不改，老师们会不会生气，以后不给我提了。我满脑子疑惑、一脸郁闷地坐在那里发呆。刘老师来了："哟！马姑娘，怎么了？一脸不高兴，讲得挺好嘛！"我说出了自己的困惑，师父一脸轻松，风轻云淡地说了一句："课是你讲，你认为符合自己需要的就听，你认为不符合自己风格和需要的就别管！一定要有自己的思路和思想，不要让别人左右。我相信你的判断。"听了如此鼓舞人心的话，我吃了定心丸，同时也觉得压力山大，讲不好都对不起师父的信任。于是，我精心设计每个环节，遇到衔接不顺的，请教师父帮着设计问题。就这样，一个问题套一个问题，一个环节套一个环节，可谓步步为营、精心布阵！初生牛犊不怕虎，现在想想，那时候怎么有勇气就接了这么个任务呢？

　　第二天下午，连上两节课，因为设计了两课时，听完后，大家评价很好，虽然有瑕疵，但瑕不掩瑜，尤其对于一个刚上班的年轻人来说，很不错了！那一次，奠定了我在语文教学上的基础地位，也因此成了学校重点培养的苗子。课后，刘老师跟我说了一句话，到现在我都记着："马姑娘，我发现你很聪明，哪些该听，哪些不该听，你很有自己的判断，而且判断得很好！"让我从不自信变得自信的，正是始于那次！从课堂教学开始！现在想想，连老师都需要被鼓励、赏识，何况学生？

　　刘老师的鼓励、赏识与器重，让我有了教学上的成就，而在他退休后甚至生病时，我都没有前去探望，愧对恩师的厚望，但刘老师永远住在我内心一方温暖的角落。

教育路上的恩师引领（二）

在教育之路上，我很庆幸遇到了许多智者，有了他们的鼓励、指点、栽培，还有同伴的互助，我才慢慢成熟起来。如果说刘老师是我课堂教学上的引路人，那么丁学廉校长则是我行政工作上的引领者。他让我学到了人文、包容与担当，这也是我印象最深刻、影响我人生态度的三个词。

一、人文关怀

孩子十个月时，因为贪吃了一颗葡萄，孩子拉肚子拉成了痢疾，需要住院进行输液治疗。刚好赶上开学，我请假陪孩子住院治疗。第二周上班时，我觉得很不好意思，见了领导不知该如何解释。谁知，刚好丁校长值周，他站在大门口，手里拿着一份报纸，一见我，首先问我："孩子怎么样了？好些了没有？"我回答完，校长又说了一句："以后可得照顾好孩子！"顿时，我觉得心里暖暖的，领导的关心我无以回报，只有加倍地努力工作，用优秀的成绩回报学校。

今天，我做了校长，丁校长的领导艺术、人文关怀曾经都使我受益匪浅。我深深地知道，校长的一句话、一个手势甚至一个眼神，都会在一位普通老师的心里留下烙印。

二、包容之心

担任年级组长之后，我顿时感觉肩上的担子有了分量。五年之后，我开始担任办公室主任，管理工作由一个年级扩展到全学校，负责职称晋升、定级定岗、评优选先、负责考勤、安排培训……与老师打交道更多了，但有时难免被误解，心中觉得委屈，但这些我都未曾对人说过。我想，不仅我这个办公室主任这样，其他处室主任也一样，现在想来，副校长、校长也一样。丁校长在行政会上的一句话让我铭记至今："当领导就得能承受得住委屈。"

如果没有一点儿包容之心，怎么可能干好工作？一点儿委屈算得了什么？今天的委屈，到了明天就成了过眼云烟。等云散之时，别人自然会感受到你的宽容与大度。我想，这不仅仅是当领导必备的素质，也是每个人都应具备的美德吧！

三、学会担当

丁校长不止一次在行政会上表达这样的意思：你们放手去干，出了问题，我担着！领导有了这样的担当，下属才会放手去干，而且会周密考虑每个细节。当时我的感受是，校长越这样说，我们中层越得高度负责，工作中不能出差错，不能让校长担责啊！其实，在分工明确的工作中，当一个人被明确地赋予某种责任时，其责任感就被激发了出来。尤其当某件事情只有一个人负责的时候，其责任感会更强，因为出了差错，无法推卸，而由多个人负责时，往往会出现责任推卸的情况。

丁校长的包容与担当，让我有了事业上的今天。未来的路上，我也会以他们为榜样，努力工作，不辜负引路人的期望。

教育路上的幸福时刻

27年的教育之路，一路鲜花，一路掌声，一路跌绊，一路坚持，痛并快乐着走到了今天。路途中的鲜花与大家共享，旅途上的泥泞与大家共担。摘几瓣鲜花共芬芳，采几片树叶共赏玩。有时想想，哭，都是幸福的！而且还哭了三次！

第一次因为学生顶嘴，委屈地哭了。刚上班没几天，我检查作业时发现三班的亢林没有完成，一个个子不高，坐在第二排的小男孩。

"为什么没写？"

"不会。"

"上课讲了，为什么不会？"

"不想写！"

我气得用本子打过去，他还用手抵挡住。我甩下本子，跑到操场，坐在健身器材上抹眼泪。过了半天，班主任带着课代表来给我道歉，安慰我，我这才回到办公室。从此，我上课不再搭理亢林。真是孩子跟孩子斗气，现在想想，可爱又幼稚！我也跟孩子一样！

第二次因为学生的反叛，难过地哭了。担任班主任期间，我与学生相处时既和谐又带些威严。我班的英语老师敦莉，是个十分敬业又可爱的老师，比我大十岁，学生也非常喜欢她，她也一直与学生相处得十分融洽。初三下半学期时，敦老师突然声音变得沙哑，似乎都说不出话来。一检查，声带小结，需要做个小手术，把小结割掉。敦老师想到马上快中考了，最后的冲刺阶段，不能因请假而耽误了学生，于是忍着疼痛继续上课，决定放了假再做手术，可学生们不知情。那天，以课代表为首的几位班干部带头抄作业，还都是女生，被敦老师发现后带回办公室质询。因为同在一个办公室办公，我与她还是前后桌，听着敦老师训话，看到敦老师气得话都说不出来，再看看我那几位"得力"的班干部，真是气不打一处来，我顺手拿起卷子扔在了她们身上，好一通发火。这下不得了了，班里的男生认为我打了女生，属于暴力体罚，开始在班里黑板上写"大字报"——"反对暴力""拒绝体罚"……要不是班长通风报信，我还真不相信学生有这"魄力"，要造反！于是，我来到班里质问："谁对我有意见，认为这件事我做得不对，站出来，我们理论理论。"哗——一下子站起来十来个学生，男生、女生都有。于是，我让他们出来站到教室外，开始理论。

"你们先说，我怎么不对了！"

"你打人，就不对！"边戎一脸不屑地说。

"是，打人不对，那我为什么打？原因呢？"

"不就抄了个作业吗？她布置得那么多，又都是机械性的抄写，我们都会了，没必要写的。"

"那为什么不跟老师说，不反映？你们不说，老师怎么知道布置得太多了？"

没人吭声。

"即使跟敦老师不好说，可以跟我说啊？为什么也不说？"

没人吭声。

"你们知道敦老师声音为什么哑吗？你们知道敦老师为了你们，手术都不做还在坚持上课吗？你们知道敦老师再这样坚持下去有可能会失声吗？你们在谁的课上抄作业我都不会这么生气，唯独敦老师，她为我们付出了这么多，可你们是怎么回报她的？我觉得丢人，我感觉别人都在指责我说，看马老师班的学生怎么这么不懂事！"

说着说着，我的眼泪不由自主地流下来，我没去擦，没必要擦。在学生面前，我是真实的我，我是为敦老师而流泪，为这些不懂事的学生而流泪，为我没教育好学生而流泪，我也需要发泄。在楼道里，我和学生一起哭。哭让我们得到了沟通，得到了谅解。到现在，每每想起这件事，我的鼻子还是酸酸的。上学期，在城关区教育局组织的师德巡回演讲中，敦老师作为甘肃省最美教师做报告，我在现场做了感想点评，还提到了这件事。敦老师，我和我的学生会永远感激你、记得你！

第三次因为我们班足球比赛失败，感动地哭。那是在初二组织的一次足球比赛中，我班经过初赛、复赛，顺利进入了最后的决赛。那时，正值世界杯期间，学生们将对足球的狂热带到了学校，带到了班级的比赛中。我因为对足球规则一无所知，对足球根本不感兴趣，世界杯看都不看。可是看自己班的学生踢足球，那简直比世界杯都精彩，看到关键处手心都紧张得出汗。

决赛开始了，出乎所有人意料，我班前半场竟以0：3告负。这一成绩让我们班常以"天下无敌"自称的足球英雄们颜面扫地。可啦啦队们仍在不停地呐喊助威，一些安慰的话竟被编成了口号："初二八，没关系，我们永远支持你。""初二八，不要紧，我们对你有信心。"站在一旁的我不禁百感交集，为他们的荣誉感，为他们的不气馁感动。到了下半场，队员们经过艰难的"跋涉"，临场竟奇迹般地踢平了，这时的我也不由得紧张起来，有胜利的希望了啊！

最后，要进行残忍的"点球"大战：你进一个，我进一个；你飞一个，我飞一个，最终结果，我班以一球之差告负。顿时，学生的表情冷却到了极点。听着对手狂热的呐喊，我班有些女同学当时就控制不住大哭起来。我的眼泪也直打转儿，赶快扭身往回走。回到班里，一片呜咽声迎面而来。都说男儿有泪不轻弹，刚才在"外人"面前还强忍泪水的小男子汉们，这时闷着头，一声儿没有，眼泪刷刷地往下掉。猛然看到这副情形，我的鼻子一酸，眼泪止不住地又涌上来。在他们面前，我不想再说什么，我感受到的只有欣慰：我被学生们纯真的情感所打动！和学生一起流泪的感觉真是刻骨铭心。这难道不是集体主义教育吗？这难道不是团队精神吗？

　　比赛虽然输了，但在比赛的过程中，我们经受了磨炼，跨过了沟坎，经历了困难，内心永远温暖。

　　三哭，让我和学生从"斗气"走向理解，从沟通走向感动，从幼稚走向成熟。哭，是一种发泄，也是一种交流；是一种排解，更是一种沟通。我成长、充实，更加自信。

　　这就是我教育路上的幸福时刻！

感谢成长的平台（一）

——家庭环境

2010年，温哥华冬奥会短道速滑女子1500米比赛中，年仅18岁的周洋获得冠军。她在接受记者采访时，因没有先感谢国家，而是先感谢自己的父母，而被上级领导以不点名的方式进行批评，此事也引起了社会众多非议。但在这里，我还是要先感谢我的父母，感谢他们对我的家庭教育，感谢他们一直以来给我传递的正能量，感谢他们对我的不放弃。

我说过，从上学以来，我的成绩就是中等，这样的成绩还是我妈手把手教出来的。1971年，我出生在老家河北唐县一个小山村。母亲生完我40天后，回到单位上班。那时她常年出差，奔波在宝鸡、西安、西宁、青藏线上，每年只有过年才回来几天，所以小时候的我跟母亲没什么感情，甚至连一声妈都不叫，心理距离很远。在家乡跟随父亲，还有爷爷奶奶生活到七岁。要上学了，我才跟随母亲来到西宁，却感觉是被人卖了。上了小学，连四线格都没见过，别说写拼音了，母亲先从别人那儿学习，然后晚上教我；数学更是她自己出题，然后手把手教我，课堂记忆很模糊，只有母亲一页一页的题：关于速度、距离、路程的，相向而行、背向而行的……印象很深刻。一直到初中，母亲都坚持辅导我数理化，哥哥大学毕业后，接过母亲手中的辅导棒，继续给我辅导。因为母亲学的是俄语，所以无法辅导我的英语功课，而我的英语也因此极差，只有初一刚学时考过100分，之后越来越差，高考才考了45分，还是发挥出了最好的水平。不过，我的数学考了98分。没有母亲这样的不放弃，我也没有机会走上教师这条路。到后来，我有了自己的孩子，母亲常教导我："孩子的成绩，你抓一抓就上去了，你不抓就下来了。哪个孩子不贪玩？大人要尽心辅导、检查才行。家长尽心了、努力了，即使孩子学不好、考不好，我们至少不后悔了……"可是，我对孩子的帮助比起母亲，差得太远。养儿方知父母恩，我特别感谢我的母亲，是她教给我做事的道理和做人的原则。

上班后，单位有时发些用品，有的老师抱怨质量差，母亲告诉我，只要单位发的就是好的，不要埋怨，别发牢骚，要是不发你还没有，要知足；和同事发生了矛盾，回家念叨，母亲告诉我，人要宽容，别斤斤计较，那样别人会看不起你；挨了领导的批评，回家生气，母亲告诉我，吃一堑长一智，下次你记住别这样做不就行了，领导不说你怎么服众？包括我生病不想去上课，母亲会说，你把课上完再回来，别耽误学生……一直以来，母亲坚持传递给我做人处世的正能量。这样的家庭，才孕育出了一个现在的我。

感谢成长的平台（二）

——工作环境

　　领导的信任，让我找到了自己的定位。参加工作以来，我一直没觉得自己有多少才干，就是踏踏实实做好分内事，认认真真操好分内心。也许缘于这份踏实和认真，领导因为信任让我当了年级组长。从班主任到年级组长，从一个班到八个班，哪个班有问题了，领导找的是你；组里的哪个老师有问题了，找的还是你；年级成绩不理想，不等领导过问，我自己就主动去汇报下一步的想法、计划……刚当上组长时，我一到家就唠叨，累啊、烦啊、忙啊、操心啊，咋办啊？爱人说："你当个年级组长就累成这样，那你们校长岂不累死了！"别说，就这一句话，一下子把我点醒了。是啊，不就一个小小的组长吗？为什么让自己的心理负担这么重？心理有负担，工作中畏首畏尾，什么事也干不成。以后遇事不就是多想方法、多想点子吗？何况，我身后还有各处室主任、副校长、校长做强大后盾呢！于是，抛开包袱，轻装上阵，反而不累了。这才发现，原来累是因为不自信，现在有了自信，当然也就能轻装上阵了。所以，正是有了领导的信任，我才找回了自信，找到了自己的位置。这段经历，我永远不会忘记。

　　后来，我担任办公室主任，更是经历了这样一个过程，由原来只负责一个年级组二三十个人，到现在要负责学校一百多号人。领导的信任让我必须自信，自信我能行！无非比别人多花一些时间加班，比别人多付出一些而已，因为这是我的分内事！

可爱的学生，让我用"爱"实现了教师价值。爱学生，是一名教师最重要、最基本的品质，也是师德的核心。邱济隆担任北京四中校长时，学校曾有一位年轻的教师，口齿伶俐，表达清楚，大学时就入了党，工作能力极强。但是，邱校长发现他对学生说话非常尖刻。学生经常说，老师说完就噎得我什么话都没法说。这是教师水平高吗？邱校长认为这是不懂得尊重学生，不懂得爱护学生的表现，后来他请这位教师离开了四中。因为邱校长认为，教师的教学水平可以低一点，但必须尊重、关心、爱护学生。

爱源于规范、宽容、赏识和激情。规范是准绳，能让我们约束自己；宽容是修养，能让我们减少抱怨；赏识是桥梁，能让我们彼此沟通；激情是一种人生态度，能够给人带来快乐。快乐是一种能力，能够把笑声带给别人，他就有一种能力，叫感染；喜欢把痛苦带给别人，他也有一种能力，叫传染。教师面对的是一群正在成长的学生，他们需要在尝试错误中学习，犯错是学生成长中的权利。如果教师不能容忍学生的错误，几乎就剥夺了学生成长的权利。成长有时需要付出必要的代价，学生自己做主虽然会出现很多错误，甚至会遇到一些危险，但是，这是成长必须付出的代价。如果教师一直怀疑学生自己做主、自我管理的能力，那么，学生的精神成长就会无限期地延迟，甚至会成为精神上的侏儒。所以，要让爱在放手中延伸！

但是"放手"的前提又是什么呢？

首先要走进学生的心灵，师生之间真正实现思想上的平等。苏霍姆林斯基说得好：不了解学生的智力发展、思想、兴趣、爱好、才能、禀赋、倾向，就谈不上教育。这就要求教师必须要了解学生，了解他们的爱好与才能，了解他们的个性特点，了解他们的精神世界。对学生兴趣、爱好、特长的了解往往是通向他们心灵的"钥匙"。教师只有深入了解、细致观察，才能更好地接触到学生情感的"点子"，从而巧妙"施爱""投其所好"，产生情感上的共鸣。

十九中在过渡期间曾经把三个年级分成三拨，分别在不同的小学过渡。由于小学操场空间有限，学生无法上体育课，但体育课可是学生的最爱啊！校领导深知这点，决定每周利用一个下午带全体学生到金回中上体育课。这个下午成了学生每周的解放日，似乎他们每天的学习生活就是为了等这一时刻。教师带着学生一路步行到金回中，途经车水马龙的滨河路，学校担着巨大的责任满足学生的愿望。在学生安全责任重于天的现在，我怎能不佩服学校领导、教师的担当与义无反顾！就是因为学校理解学生，走进学生心灵，知道学生渴望什么，才会如此义无反顾！

其次要鼓励赏识，让学生学会欣赏自己，树立自信。教师不要吝惜对学生的赞美，这是促使学生进步的助燃剂。心理学上的"皮克马利翁效应"不就是这样吗？教师预言某些学生将会出现特殊的好行为时，学生真的才华显露；反之，教师如果预言学生是难雕的朽木，学生的表现必将丑恶不堪。教师信其可行，学生便可行；教师信其不可行，学生将万劫不复。所以，教师要多给学生一些肯定。

最后要宽容学生，快乐自己。教师常常说："这个问题说了多少遍了，你还犯！没长记性吗？"何谓学生？如果只要求学一两遍，所有的学生就都能做到、做好，那他们就不是学生了。成年人都经常犯错误，尚可自我原谅，为什么对学生要求得如此苛刻呢？"人恒过，然后能改"，宽容不仅是做人之本，更是为师之道。只要心中有爱，就有宽容之心。宽容的教育氛围才有利于学生个性发展和全面成长，宽容的教师才会欣赏学生。

可亲的同行，让我用"诚"体会了教研的魅力。教学相长，这是定律。学习成绩好的学生，是我提高业务的老师；学习成绩差的学生，是我改进教法的老师。但更多的业务成长，则是源于同行间彼此真诚相待的帮助。

现在，各个学校都在给教师创造"同伴互助"的活动平台，力求将这种工作方式和要求渗透到各项具体工作中。比如：帮带式的互助，以老带新，丰富教师的实践经验；合作式的互助，同年级教研组内，提高教师的教育技能；分享式的互助，涉及各个层面，全员参与、全员分享，将观念转化为实践行为；自由式的互助，成员不固定，自由组合、临时组合，满足新教师个性化需求。

　　我更欣赏一种"聊天式"的教研方式，即同事间利用课余时间就某个教学问题或教育现象，在随机谈话过程中，获取有价值的经验和信息。教师在最感性、最熟悉的日常工作中增强"同伴互助"的实践体验，提高对"同伴互助"的深刻认识，而我更是深受其益。在年级组的时候，我们备课小组有一位陶老师，她性格开朗，博览群书，教研能力很强，对教育、教研总有自己的新鲜想法，她的奇思妙想时常触动着我，给我以思考与启发，让我在教学、教法上大胆进行新的尝试。在尝试中，我们不断地交换意见，因为都在一个办公室，方便随时交流，而灵感的火花往往就是在不经意的聊天中产生的。记得一次我上余光中的《乡愁》，请她听课后，她的第一句话就是："你讲得太空、太浅了，这首诗很短，但可挖掘的内涵很多，意境深远，你要丰富内容。"在她的坦诚面前，我只有继续加工，而如何加工就是在课间聊出来的。还有很多这样的同伴，正是大家的开诚布公才让我有了今天的收获。

　　2001年，我参加兰州市职工"党在我心中"演讲比赛，撰写了演讲稿《人间正道是沧桑》，写完后让陶老师帮我修改。陶老师一看稿子，毫不留情地说："太空了，缺乏实例。"一针见血啊！"那你帮我改改呗！"我顺势请求道。"好吧，我晚上想想。"两天后，一篇事例丰富、文采飞扬的演讲稿诞生了。经过层层选拔，我最终参加了全省教职工演讲比赛，并获得了一等奖。这一切都离不开同行们的帮助。

　　再如，七年级的一次教研聊天，聊到《黄河颂》一文。这是一首诗歌，也是一首合唱歌曲，由光未然作词，冼星海作曲。当时，我们聊的时候提及如果音乐老师能指点一下就好了。刚好，音乐老师张大海也在场。他当时就表态说："没问题，我们合作上一节课，我给学生讲创作背景，教他们唱……"这么一说，大家兴致全来了。试试？试试！教学嘛，要敢于尝试。于是，大家热火朝天地聊了一番后，一节课出炉了！看到两位教师站在一起，学生很吃惊，课堂充满了诱惑力和悬念，所以一节课学生都是在亢奋中度过的。

　　就这样，"同伴互助"成为我区教研质量改进的重要途径，夯实着教师专业化的发展。教育局在倡导同校教师之间合作研讨，实现备课中的"1+1>2"

的同时，更加倡导异校之间合作研讨、分享经验、资源共享、共同成长。"同伴互助"打破了以往教师间相互封闭和自傲的现象，取而代之的是同事之间的交流与合作，相互信任和帮助。新的教研文化，营造了一种新的教研氛围，创建了一种美好的职业生活方式。

从领导，到学生，再到同行，还有家长，由大家一起构建起来的良好、和谐、真诚的氛围，让我实现了自身价值的飞跃。

夯实成长的基石

——专业素养

有了思想上的转化还不够，要想干好教师这一行，还得夯实成长的基石、安身立命的基石——专业素养。

教师的专业知识结构主要有：

1. 本体性知识（学科专业知识）。

2. 条件性知识（教育学、心理学等知识）。

3. 实践性知识（教师在实现有目的的行为中所具有的课堂情境知识及与之相关的知识，如设计教学、策划活动、实施教学、应对生成、解决即时性问题等方面的能力）。

教师的专业发展就是指教师在上述几个方面特别是实践性知识和能力方面的不断成长、进步和提升。

发展途径主要有：

1. 自觉的内驱力。

2. 外在的推动力（培养、培训、校本教研等）。

无论是内驱力还是外驱力，都是不断学习、不断充电的过程，要树立终身学习的理念。内驱力是关键，但自我要求提高的人少，大多数人都是被各种外界因素逼出来的，比如，来自家庭的、学校的、上级领导的压力等。

从我自身来说，经过十一年寒窗苦读，好不容易考上大学，虽然是个大专，但我已经很满足了。三年愉快的师专生活结束后，我步入工作岗位，拿到了第一笔工资，感觉自己可以养活自己了，哪里还想着再去深造？再去提升自我？但是沾沾自喜了两年，母亲发话了："一天光知道监考别人，不知道自己去考考？"因为那时十九中每年都是自学考试的考点，休息日监考，还能挣点小钱，我还感觉挺高兴，回家就跟母亲念叨，没想到却招来这么一句，自尊心受到伤害。于是，我打算报名成人考试，读本科，谁知报名时间早过了，可老妈却说："你不想报就说不想报，你要是真心想报，就不会在人家报完名了才想起来，别找借口！"我于是下定决心明年一定报上，争口气。于是，1995年我考上西北师大函授，三年后本科毕业，让自己的专业有了一个提升。这是母亲逼出来的、刺激出来的。后来也想读研，但没人刺激，没人逼，就搁浅了。

刚上班，作为年轻教师，学校、教研组不断要求我们进步，于是我不断研磨教材、钻研文本，使自己的教研能力和驾驭课堂的能力不断提升。在上班后的第七年即1999年，我荣获兰州市教学新秀称号，之后便是展示课、公开课、研讨课，从而不断要求自己钻研教材、钻研教法；成为市骨干、省骨干之后，我要带头做示范课；成为名师之后，上级要求成立名师工作室，引领辐射带动其他人。自己走不到前头，怎么带动？自己不钻研，怎么辐射？自己不学习，怎么引领？于是，在外界环境压力下逼着自己学，这是来自上级的压力。当完成一项工作后，无论结果如何，你都会有一种解脱感、成就感。

所以说，"每一项工作任务都有压力，却也蕴藏着机会，完成一个任务就是打开一扇通往成功的门"。比如，名师带徒弟活动，有些教师会觉得这是一项既费时又费力的额外任务，但这也是助人者自助的一项工作。我自己也从"新秀"徒弟的授课中，接收到很多新鲜的知识。在我的工作室成员中，有市级新秀3人、区级新秀6人，他们精彩的课堂常常让我为之喝彩，也让我学到很多东西。教学相长，不仅仅只产生在师生间，也产生在师徒间，我和成员们、徒弟们、同行们一同成长。所以，荣誉与责任是相辅相成的，是成正比的，获得更多的荣誉，便要承担更多的责任，这是必须的。

　　还有来自评职称的、定级定岗的压力，虽然这一点说起来多少和利益挂钩，好像不太中听，但这些实实在在的事情或多或少给教师带来一些压力。如发表论文、搞课题等，无形中迫使教师学习、动手、动脑了，也使他们学有收获。

　　还有一些来自上级部门要求完成的额外任务，比如抽调"两基"帮忙，在走访学校时，可以学习到很多优秀的做法；比如新秀课、优质课以及课例评选听课，区级、市级评职称听课，教师资格证评审听课，局里高效课堂跟踪听课，名师评选听课等，无一不是在提升自己的业务能力。

　　所以，无论怎样的培训、学习，我都会很珍惜，并以端正的态度去面对，因为我坚信它们一定会让自己学有所获。所以，只有先改变自己的态度，才能改变人生的高度；只有先改变自己的工作态度，才能达到职业的新高度。

提升成长的境界

——心态平和

瓦伦达是美国著名的高空走钢丝表演者，在一次重大的表演中不幸失足身亡。他的妻子事后说，我知道这次一定要出事，因为他上场前总是不停地说，这次太重要了，不能失败，绝不能失败；而以前每次成功的表演，他只想着走钢丝这件事本身，而不去管结果。后来，人们就把专心致志做事而不患得患失的心态，叫作"瓦伦达心态"。做事的法则就是这样：如果太注重成功或失败，结果往往会失败；而若只注重事物本身的特点及规律，专心致志地做好它，就会收到意想不到的效果。所以，人们常说"心态最重要"。

一、端正的态度

积极面对问题，一定要给自己或他人以积极的心理暗示。

在美国一家铁路公司，有一位调车员叫尼克。他工作认真负责，但是对人生很悲观，常以否定的眼光去看世界。有一天，同事们为了赶着给老板过生日，都提早下班走了。不巧的是，尼克不小心被关在了一辆冰柜车里，无法打开门。于是，他在冰柜里拼命地敲打着、叫喊着，可由于除他之外全公司的人都走完了，没有人能给他开门。尼克的手敲得红肿，喉咙喊得沙哑，也没有人理睬，最后他只能坐在地上绝望地喘息。他想，冰柜里的温度在零下20摄氏度以下，如果再不出去肯定会被冻死的。他越想越害怕，最后只好找来纸和笔，用发抖的手写下了遗书。在遗书里，他写道："我知道在这么冷的冰柜里，我肯定会被冻死的，所以……"第二天，公司职员打开冰柜时，发现了尼克的尸体。同事们感到十分惊讶，因为冰柜里的冷冻开关并没有启动，巨大的冰柜里也有足够的氧气，然而尼克竟然被冻死了！其实，尼克并非死于冰柜里的温度，尸检报告也显示他没有被谋杀或急病猝死的可能，那是什么原因呢？他死于自己心中的冰点。因为他根本不敢相信这辆一向轻易不会停冻的冰柜车，这一天恰巧因要维修而未启动制冷系统。

他的不敢相信使他连试一试的念头都没有产生，而坚信自己一定会被冻死。这种现象就是心理学中常说的消极暗示效应。悲观的人往往会因自怨自艾而生病，严重的可能导致死亡。与之相反的，就是积极心理暗示。所谓积极心理暗示，通俗地说就是坚信自己一定行，一定能办好自己想做的事，一定会顺利完成任务，一定能实现人生目标，就是让人充满自信！

二、平和的心态

学会以平和从容、淡定乐观的心态面对问题，让工作的过程变成享受的过程。

任何工作，都是没有最好，只有更好。而且工作是永远干不完的。因此，以平和从容的心态面对工作的过程才是享受。只看过程，不过分注重结果，才能使人变得淡然。万事不放心上，不可取；但时时刻刻将事情放在心上，唯工作是从和工作第一，都是不会生活的表现，也会令人心痛。

我曾听过一场报告，感触很深，是江西省九江市永修县柘林镇黄岭村小学太阳山教学点邹有云老师——一位大山深处的教师做的报告。他由开始的苦口婆心上门劝学，到后来山民想方设法让学生入学，学生进得来、留得住、学得好。适龄儿童的就学情况发生了可喜的变化，太阳山上没有出现一个新文盲，这不但是他——一位普通山村教师最大的满足，也是国家"两基"教育从根本落到了实处！教学点由开办之初的12名学生到后来的47名学生，都是邹老师挨家串户做工作叫来的。为了让适龄儿童都能上学，做到"一个都不能少"，邹老师不知磨破了多少次嘴皮，垫付了多少学费！

在邹老师身上，我看到了"一师一校"模式的艰辛。他既是教师，又是校长；既是管理员，又是炊事员；既是保姆，又是维修工。他要教四个年级的全部课程，进行复式教学，工作量可想而知，一天的生活就像上紧发条的时钟。遇到农忙时，更是苦不堪言，但邹老师没说过一声苦。30年来，他没有请过一天病假和事假，即使自己的孩子病重，他也坚持上课，因为他一离开，学生就要停课。

但是对于这种无私奉献，我并不认同！我更不提倡教师对自己孩子这种"冷酷"的爱。

1984年，邹老师两岁的大女儿得了肺炎，他让妻子请乡村医生给孩子打针、吃药，但不见效。他想等周末再带孩子去大医院治疗，谁知病情恶化，女儿突然夭折，抓着孩子渐渐变凉的小手，他心如刀绞。1985年，邹老师的二女儿又患骨髓炎，但他为了不耽误学生一节课，一直等到暑假才带孩子去外省的专科医院治疗。这是光辉人物的感人事迹，是最易煽情或打动人心之处，但我却听得不是滋味。邹老师的做法固然令人感动，令人肃然起敬，但我感觉更多的是他的不近人情、冷酷，对自己孩子和家人的冷酷。

所以，我希望教师首先学会爱自己和家人，之后再谈爱学生和工作，而且对待外事外物的心态要天高云淡、追寻自由，感受到豁达淡定，看尽世间繁华富贵，只待从容一笑，海纳百川。我很欣赏《幽窗小记》中的一副对联：

宠辱不惊，看庭前花开花落；

去留无意，望天空云卷云舒。

意思是说，为人做事能视宠辱、得失如花开花落般平常，才能不惊；视职位、名利如云卷云舒般变幻，才能无意。这深刻道出了人们对事物、对名利应有的态度：得之不喜、失之不忧、宠辱不惊、去留无意。这样才可能心境平和、淡泊自然。与范仲淹所说的"不以物喜、不以己悲"实在有异曲同工之妙。

淡定，不等同于不思进取和堕落享乐。淡定的人，依然可以有自己的奋斗目标，并为之不懈努力。淡定的人，可以在累的时候劝解自己，停下来歇会儿。淡定的人，可以在失利的时候，做到平心静气。就像书中说的"宁静的心态让人淡泊名利，知足的心态让人时时快乐，平和的心态让人处变不惊"。

淡定的人生不寂寞。淡定是一种生活态度，放下所有烦琐的事情，在简单中摸索着，心平气和的时候自然能悟到生活的真谛。有了从容的生活，淡定的工作，生活才有乐趣，才会不受物质诱惑，不再抱怨社会的不公。

幸福有时就像手中的沙子，握得越紧，失去得就越快；幸福有时就像隔岸花一样，隐约可见，却无法触摸。事情在心平气和中发生着，还有什么是不能解决的呢？

教育是一门最伟大、最深奥、最神秘的学问。我们要怀着敬畏之心，更要有博大的胸怀，如此才能胜任这个了不起的职业。

涵养成长的源头

——校本教研

阿基米德说："给我一个支点，我将撬起整个地球！"那么，校本教研就是激发课堂生命的支点、教师专业成长的支点、学校有效发展的支点。

校本教研，既要解决教师的教学问题，又要促进教师的专业成长。教育部基础教育司副司长朱慕菊曾指出："校本教研是以校为本的教研，是将教学研究的重心下移到学校，以课程实施过程中的教师所面对的各种具体问题为对象，以教师为研究的主体，集体和专业人员共同参与的实践性研究。"为了学校、基于学校、在学校中进行是其三大特点；教师个人、教师集体、专业研究人员是其三大要素；教师个人的自我反思、教师集体的同行对话、专业研究人员的专业引领是开展校本教研的基本方法。这三者既相对独立，又相辅相成、相互补充、相互渗透、相互促进，其目的是有效地激发教师内在的学习动机和创造力，使教师在校本教研中成为主动的探索者和创造者，从而达到"三促进"：促进学生的发展，促进教师的发展，促进学校的发展。

教育部门开辟多种途径，组织教师参加各种学习、培训等，就是要通过这种有效的校本培训，帮助教师逐步树立终身学习的思想，通过终身学习而走向智慧的人生。这种专业化的学习、充电正是促进教师专业成长、促进教育智慧生成的源头活水。

那么，如何做到"有效"呢？可以用四个词概括——激情、思想、生态、实践。具体而言，一是要激发教师专业成长的激情；二是要帮助教师树立思想的成长观；三是要建设利于教师成长的生态环境；四是要聚焦课堂，组织教师观课、议课，在实践活动中开展校本教研。

著名教育家苏霍姆林斯基曾说过："如果你想让教师的劳动能够给教师一些乐趣，使天天上课不致变成一种单调乏味的义务，那你就应当引导每一位教师走上从事一些研究的这条幸福的道路上来。"目前，随着课程改革的不断深入，教师在教育教学中遇到的问题和困惑也越来越多，怎样帮助教师解决这些问题，使新课程理念有效贯彻到教学实践中，成为一个重要问题。毋庸置疑，"校本教研"就是一个绝佳的立足点和突破口，它把学校的教育实践过程变成一种研究的过程，实现教育理论与教育实践的双向构建。而落实有效校本教研的切入点很多，如方式多样的校本培训、合作共享的集体备课、多元互动的课例研讨、自我实践的多维反思、交流开放的同伴互助、基于问题的课题研究、精彩纷呈的校园文化等，而最有效的途径则是课题研究。

以前，我总认为教师的任务就是教学，对于教师进行课题研究常很被动。但通过一次次的学习，尤其是在华东师大骨干教师培训活动时，与王意如教授在"学者型教师的专业素养"讲座的互动环节中，我对这一问题有了新的认识。她讲到一名教师只参与集体备课、写教案、写反思不行，一定要写专业的文字和科研文章，要将平日里的细碎片段整合起来，变成绚丽的亭台。当有教师提出如何对待课题研究时，王教授明确指出："教科研能力是学者型教师的基本素养之一，它不仅是学者型教师的专业标志，也是提高中小学教师学术地位的有效途径。"理论是一种知识储备，也是教学行为的理性支点，一线教师欠缺的就是理论，而搞课题研究正是促进自身理论知识提升最有效的方法。它正是把学校的教育实践过程变成一种研究的过程，实现教育理论与教育实践的双向构建。因此，王教授认为大力推广校级小课题的研究很有必要。小课题的研究，其选题着眼点"小"，研究程序简要，对培养教师的研究意识和综合能力有着积极的意义。教师以自身教学过程中发生的具体问题为研究对象，以问题的解决为研究目标，切口小、范围广、周期短、投资少，而且评职称还用得上。教师奋斗在教学第一线，处在教科研的最佳位置，也有着研究的最佳机会，关键在于善不善于发现问题和搜集整理资料。

我调到新的学校已经两年多，教学中发现学生阅读量匮乏，对名著理解苍白。深入分析后，我意识到：一是学校地处城乡接合部，所处区域环境导致学生阅读兴趣缺失；二是学校大部分学生家长为进城务工人员，没有受过高等教育，家庭环境导致学生阅读意识和读书习惯匮乏；三是家庭经济基础的薄弱导致阅读消费观缺失，读书途径单一，学生用于娱乐的消费远远高于购书的费用；四是学生自身因素导致阅读兴趣单一，休闲性阅读（漫画书籍、网络小说等）占据课外阅读的大部分时间，文学经典很少涉及。深入分析了原因后，我想尝试探索适合此类型学校的、行之有效的阅读方法，让学生完成《课标》中"课外阅读总量不少于260万字，每学年阅读两三部名著""多读书，好读书，读好书，读整本的书"的要求。于是，怎样提升学生的阅读量，唤起学生的阅读兴趣，教会学生阅读的方法，而又不额外增添学生的学习负担。成了我思考的问题。基于这一问题，我打算进行"立足课堂，整合教材，提高学生课外阅读的有效性"的课题研究。当内心充满期待时，一个人的研究就是主动的、自觉的，就会想方设法完成自己的设想。相信只有经过类似这样的更多的校本研究，教师才能登凌绝顶，一览群山。

思索与实践的互动是人类历史发展的源头活水，纵使岁月令教师的容颜一点儿一点儿苍老，但只要细心观察、用心思索，教育并研究着，教育这道"渠"就会永远"清如许"。

自信让你口下生辉

—— 与雷诺律师事务所、甘肃律协青工委栎客社区的律师朋友们
交流心得

　　我很庆幸有机会跟律师朋友们一起聊天。因为从小就很羡慕律师这个职业，看到港台片中的律师身着长袍在辩护台上神采飞扬地侃侃而谈，常常把对方质问得哑口无言，不禁赞叹这口才了得！所以，最早吸引我的就是律师的口才，或者叫辩才。

　　当然，这样的好口才不是一朝一夕、一蹴而就形成的，也不是仅有喜爱就够的，表面上的光鲜是背后辛勤的付出换来的。1989年，我考上兰州师专（即现在的城市学院）中文系，那时候的我整天就只知道闷头学习、看小说，因为我不善言谈，与人交际是我的弱项。记得有一次班级搞诗朗诵，不知道是要求全体参加，还是按宿舍报名，反正，我也报上了。轮到我站上讲台，我紧张得都不敢抬头，就一直低着头看着稿子念完了。活动结束后，班主任宋老师跟我说："一直举着照相机，想给你拍一张抬起头的照片，结果你自始至终就没抬头，你这不是紧张，是缺乏锻炼，缺乏自信！其实你朗诵得很好，你的普通话很标准啊！你老家是哪里的？听着不像是甘肃人……"

　　那次之后，我才知道我普通话还可以，可自己怎么就没发现呢？后来想想：因为我过于封闭自己，不与人交流，不参加任何活动，所以连自己的特长

都埋没了！

律师和教师都太需要语言表达能力了。穿双好鞋叫足下生辉，写篇好作品叫笔下生辉，对于我们而言，那必须得是口下生辉！如何做到口下生辉，是我们今天重点讨论的问题。

我主要从四个方面与大家交流如何才能做到自信，分别是：外在的仪表、内在的主动、精心的准备、干练的语言。

一、注意仪表，保持精神风貌

一套笔挺的西装会使得一个男子庄重，一袭长裙会使得一位姑娘的举手投足都显得亮丽迷人。整洁的外表会增加一个人的自信心。平时是这样，出席重要场合就更要注重仪容仪表。衣着得体，着淡妆，既能增强自信，也是对他人的尊重。律师出庭辩护时肯定要保持庄重的外表，既显得精神，增强了自信，也是对法庭、法官、当事人的尊重。虽然传统文化强调心灵美更重要，但是，认识一个人是从最表层开始的，就像字代表一个人的门面，衣着更是。而且一个人给别人的第一印象还代表着其对这个人所在单位的印象。比如，我是十六中的校长，每次到教育局开会，我就代表着十六中。我如果穿着邋遢、衣衫不整、精神疲惫，所有人看到可能都会质疑说："校长都不精神，学校能精神吗？校长都这么邋遢，学校能干净吗？校长都这么疲惫，看来学校最近出了什么状况……"凡此种种，不好的议论便会应运而生。所以，一定要保持好的形象！如果说形象只是一个人的外部因素的表现，那么，要真正树立自信，让自己内心强大，内因才是起决定性作用的。正如一个鸡蛋从外部打破只是个鸡蛋、是食物，只有从内部打破，才能称之为生命！所以，内因就具体体现在第二点。

二、主动参加集体活动，不怕失败，自觉磨炼

鼓起勇气大胆、主动、积极地参加各种集体活动，在活动中展现自我，培养自己的果断性、自治性和坚韧性，这就是正能量的爆发，也是积极的心理暗

示。在集体活动中，要勇敢地正视他人，因为一个人的眼神可以透露出许多信息。因此，在活动中面带微笑，正视他人，用温和的目光与别人打招呼，用点头表示问候，用聚精会神的听讲表示对他人的理解与支持。这不仅能够增强亲和力，而且更能赢得信任，强化自信心。活动中见贤思齐，虚心向别人学习，开动脑筋，集思广益。不要怕犯错，错了立即纠正。古人云："知错能改，善莫大焉。""过而不改，是谓过矣。"不怕失败，失败了从头再来。只有这样，才可以开阔眼界，增长才干，丰富人生经历，增添成就感，提高耐挫力，激发和巩固自信心。

三、遇事及早思考，精心准备

这是对待每一件事的态度。无论做什么事情，事前考虑要极为细致，形成缜密的思维方式、行事方式。精心的准备会让一个人内心充满底气，面对问题时胸有成竹。比如律师精心研读案卷案宗，寻找蛛丝马迹，寻找对方漏洞，抑或寻找法律漏洞，可谓拿手好戏。

四、语言表达

语言表达，又称为演讲、朗诵、辩护，要从下面四个方面做起：

1. 开场白精雕细琢

讲话开始的前三分钟很重要，就像服饰、仪表一样。一张口，就知有没有。

2. 讲话内容条理清晰

必须凸显层次性，演讲时有两种方法可以让内容有层次：一是说出提示性的话语。比如，我将从三个方面论述，第一……第二……第三；或者此案例有三个疑点，分别是……二是先说出提纲。比如，今天我将和大家进行四个方面的交流，分别是……再逐条分析，这样也会让听者的思路很清晰。作为律师，条理性更是相当重要！

3. 语言表达简洁干练

简洁即不重复（当然重要的话说两遍），不说口头禅。比如，呃……

嗯……那个……干练即吐字清晰、干脆利落、声音洪亮，不要反复强调。

4. 语言要有起伏

语气语调要注意抑扬顿挫，语速节奏要分清轻重缓急。从理论上来说，说话技巧体现在四个方面：停连、重音、语气语调、节奏语速。

停连即朗读语流中声音的中断和延续，是停顿和连接的合称。在一段话中，何处停顿，甚至何处长停顿、短停顿、延长、连读，都应视表达的重点而定。

重音即在表情达意上起重要作用，需要强调和突出的重要词语、短语。律师在辩护时认为要重点强调的内容，有时间、地点或者多方言辞中矛盾的地方等。

语调即声音高低升降的变化，以体现情感的抑扬顿挫。文似看山不喜平，听似赏音不喜平。说话自始至终一个调调和音高，听众不睡着才怪。再者，朗读基调很重要。律师在为一个被害者辩护时，因为当事人心情很悲痛，叙述情节时必定是悲痛的、低沉的，在质问对方时语气又应该是高亢的、急速的、连发的、义愤的。所以，律师了解案件的点点滴滴，就像学生读作品时了解作品的主题、写作背景、作者经历等一样，都是为了更好地把握作品基调。

语速即节奏的轻重缓急，缓急快慢在一篇作品中并不是一成不变的，要根据内容有所变化，比如说个排比句节奏连得就会快一些，说个抒情句语速就会缓一些……这些既有平时训练的因素，但我认为更多的是由自己的语感能力决定的。所以我们自己平时可以在家多大声读读、练练，读得多了，语言自然就有了。

总而言之，语言表达技巧或者说要求就是做到七个字：准确、流畅、有感情。它高度概括了朗读的要求，而且有层递性，从低到高。

2

课堂教学，踏雪无痕

　　教学要追求自然畅达、顺流而下，无故意造作之感。课堂教学应该是"无痕"的，让学生在轻松的状态下自然流畅地接受，顺势而行地获得，潜移默化地渗透，才是理想的教学境界，需要教师的教学智慧。有了教学智慧，才能铸就灵动课堂，寓知识于无痕，寓方法于无形。

整合教材

——教师的课程智慧

曾听过一节解方程的数学课，当两名学生分别用不同的方法（一个代入法，一个消元法）解出该题时，教师却说今天只讲代入法，而将课堂上很好的生成元素予以否定。且不说对那位学生的打击如何，单从教法中，我们就可以看到传统的备课框架仍束缚着教师，教师在备课中只注重课堂教学中呈现出的教学点状问题，而忽略了知识整体的结构问题，严谨固定的教学思路不容更改。那么，怎样才能将教材整体把握于心呢？那就源于教师怎么备课！

备课：一备教材（即备知识逻辑），二备学生（即备心理逻辑）。但此"备"非彼"备"，这个"备"字已经不是我们平时所说的备一节课、一篇课文，而是备教材的整体性，甚至要对十二年一贯教材的延续性有所了解，这才叫"备"。谈何容易？没有两轮以上的教学经验，恐怕很难做到"胸中有丘壑"。没有对教材的整体认识，又谈何整合？谈何因材施教？所以，我认为年轻的新教师要小备，即备好每一节课；有了一两轮经验的教师就要大备，就要考虑到教材的整体编排和部分教材内容的重新整合，寻找最适合本班学情的编排体系。所以，在如何处理教材上最能体现教师的课程智慧。

如何处理教材？那就要做到以下几点：

吃透教材：即一定要心系全局，胸中有丘壑。"吃透"之后，才可以"利用"教材，"整合"教材，"解读"教材，真正做到用教材教。

补充教材：即在原有教材的基础上增加相关的教材。这种只增不减的处理态度显得比较保守，也因而比较平稳、安全。

更新教材：即教师对教材中比较过时、落后或者不适合学生学习的内容进行删减，凭借自己的阅读经验，提供、补充对学生的成长和发展有意义的材料。

这是本学科教材的整合，如果能做到对不同学科间某些相关内容的整合，效果会更不错。

语文人教版七年级下册有一篇《黄河颂》。

学习重点：

1. 联系时代背景理解诗歌的内容，培养学生的爱国主义情操。

2. 有感情地朗读诗歌，理解诗歌赞颂黄河、赞颂民族伟大精神的内涵。

3. 掌握呼告手法的作用。

备课小组在备此课时，产生了一个非常规的想法：那就是将音乐老师请来，共同完成授课。于是，经过协调，我们这样上了一节课：

1. 音乐老师从黄河的简况导入，引出冼星海创作的历史背景和创作经历；

2. 观看黄河视频，创设情境，语文老师朗诵；

3. 播放音乐合唱，学生聆听、感受澎湃气势；

4. 音乐老师引导对乐曲意境的想象，唤起学生联想；

5. 语文老师指导诵读，在诵读中梳理内容，理解我们民族伟大精神的内涵；

6. 以唱或颂的形式，共同唤起对黄河、对祖国的热爱，结束本课。

学生对这种不同学科间整合的上课方式，感到很新奇，课堂上表现得异常兴奋。于是，在以后的课文中，《生物入侵者》尝试与生物整合，《中国人民解放军百万大军横渡长江》尝试与地理整合，历史学科学到每个朝代的文化时考虑与语文学科整合，等等。

引趣、赋权

——教师的课堂智慧

如果说"课程智慧"主要显示为教师的备课智慧，那么，教师的"课堂智慧"则主要显示为上课方式的变革。这种变革一般表现为：从学会知识到学会学习。在传统教学中，学习知识是目的，通过问题帮助掌握知识是手段；可是在现代学习中，学习知识是手段，能够运用知识解决问题是目的。怎么学？怎么解决？

《中国教育报》上曾刊登过一篇文章，文章中指出理想的课堂教学分为三个境界：一是有效的课堂教学，这是课堂教学的底线，因为"无效教学"或者"低效教学"是对学生生命的一种浪费；二是高效的课堂教学，即在有限的单位时间内最大限度地完成教学目标；三是魅力的课堂教学，通过教师的人格魅力、艺术魅力和科学魅力影响和感染学生，使课堂充满活力、内聚力和爆发力。怎样才能使课堂有效、高效甚至有魅力呢？那就是要把"冰冷的美丽变成火热的思考"。

两千年前，古希腊伟大的物理学家阿基米德为了测出金皇冠含黄金的重量，苦思冥想很久，无计可施。一次，他在洗澡的时候突然注意到：当他的身体在浴盆里沉下去的时候，就有一部分水从浴盆里溢出来，而且身体入水愈深，体量愈轻，从而顿悟。于是，自然科学中的一个重要原理——阿基米德定律诞生了。于是，今天的课本上才有了这么一段冰冷的文字：浸在静止流体中的物体受到流体作用的合力大小等于物体排开的流体的重力，这个合力称为浮力……但对于它是怎么探索而来的？学生不得而知。而教师的任务就是要将当年阿基米德的那份冥想和狂热讲给学生，让他们在这个故事中学习物理。

著名数学家费兰登塔尔曾说："从来没有一种数学思想会像当初被发现时那样付诸文字，一旦问题解决了，思考的程序便颠倒过来，把火热的思考变成冰冷的美丽。"教师的任务便是把"冰冷的美丽"即书本上的那些数字还原成火热的思考，使它呈现为学生容易接受的教育形态。这就是教学的艺术，这才是有效的教学，能充分引发学生的学习兴趣，让学生在充满趣味的知识殿堂里自主地学习。

自主需要教师对学生充分放手，教学或研究中采用"赋权"的方式提升学生的"学习责任"，在教学中促进学生"学习责任心"的生成。

记得自己仍是上《黄河颂》一课，只不过由于工作调动，换了学校，换了学生，学生的学习成绩比起之前学校的学生相差很多。刚好那天临时有教师听课。于是，当学生答不上提出的问题时，我在着急之下，就发展成我自问自答、喋喋不休的一节课，尽显个人风采，下课后却感觉很失败。课后，我还给自己找借口，说学生基础差，才讲这么多。反思之后发现其实是我根本没有给他们充分的思考空间，没有耐心地予以引导，没有给予学生充分的信任，没有放开手中讲课的权利，总担心浪费时间，完不成任务，殊不知这样的完成预示着今后永远完不成，只有现在看似浪费一些时间，但是让学生学会学习的方法、思考的方法，才是为了以后更省时间，完成得更好。所以，要给予学生充分的信任、赏识与鼓励，为他们以后的发展铺好路、搭好桥。

相信有了对教材的有效整合，就会有智慧课堂火花的绽放；有了智慧火花的课堂，就一定会有充满激情的生命律动。

大面积提高合格率的几点做法

教师管理好班集体不仅体现在维持课堂纪律或驾驭课堂方面，最重要的还是得看成绩，因为学生的考试成绩仍然是衡量一个班级好坏的重要标准之一。大力提倡素质教育、核心素养，并不意味着忽视基础教育和传统教育，也不意味着取消考试制度。在一些生源相对较差的学校，如何大面积提高合格率是我们急需探索和解决的问题。作为曾经的一名班主任，我在以下方面采取了一些做法，并取得了一些成效，在此与大家共同探讨。

一、务必将常规教育落实到位

将常规教育落实到位，是大面积提高合格率的基础。常规教育是学校和班级常抓不懈的基础工作之一，是干好一切校务工作的基础，更是使学生提高成绩的基础。一个班级要想搞好学习，首先要有良好的纪律做保障，而学生良好纪律的养成又在于班主任对本班学习习惯的培养。比如，早读时的服从指挥，上课时的严于律己，自习课的自我约束等，均体现着班主任的常规管理水平。初一学生自习课较多，按学校要求班主任必须值守在教室。学生如果能在班主任不值守的情况下自觉保持良好的纪律，那才是最好的。所以，我让两名最调皮的男生担任自习课的纪律班长，以达到自我控制的效果；又采取教育家魏书生的办法：自习课不许说话，一经发现就罚写五百字说明，由纪律班长负责，全班学生监督。方案一出台，学生们一片哗然，但自习课的纪律明显好转，为学生静心、安心学习提供了一个良好的环境，有了这个基础，学生们的学习效率得到了提高。

纪律固然重要，卫生、礼仪也是塑造育人环境的重要环节，是保障学生专心学习的基础，而且好的行为习惯一经养成，会使学生终身受益。而初一刚入校的前五周是培养习惯的关键期，各种常规纪律在此期间必须从严要求，狠抓落实，习惯一经养成，学生就可集中力量抓学习，提效率。所以，大面积提高合格率的第一步，就是务必将常规教育落实到位。

二、务必协调好学生与任课教师的关系

协调好学生与任课教师的关系，是大面积提高合格率的前提。一个班级要想提高整体成绩，班主任一个人的力量是有限的，更需要集体的智慧，需要团结协作的精神，而这其中起调节作用的无疑又是班主任。只有搞好了协调工作，才能保证班级正常运转，这包括对各方面的理解与支持。例如，班级学生曾普遍表现出的对政治课的"歧视"：不重视课堂，不认真听讲，甚至在课上写其他作业，当教师提出问题时，回应者寥寥无几。在距离中考（当时是会考科目，不过是开卷考试）还有三个月的紧张时刻，任课教师对此不能容忍，将此情况及时地告诉了我。我第二天早读时就将这个问题摆在了桌面上。我告诉学生，如果开卷试题都能轻易找到答案，那考试还有什么意义？又怎么拉开差距？相反，正因为是开卷，政治题目会更活、更难，理解的角度会更刁钻。所以，学好政治的关键在于理解，只有将一个问题理解透了，才能做到游刃有余地回答各种提问，而要透彻地理解，就必须上课认真听讲，如果在政治课时"抓紧时间"写其他作业，真是因小失大啊！也许，政治老师也说过类似的话，但是从班主任的口中说出来，效果相对要更好些。果真后来的政治课学生们用心了不少，任课教师也很高兴。如此一来，学生重视了，教师轻松了，成绩也上去了。这就充分说明了班主任与任课教师之间只有加强合作，才能共同进步的道理。对于任课教师的调课、做课，学生所反映的纪律、作业等问题，班主任要及时处理，更要懂得人际关系学的重要性。协调好了学生与任课教师

的关系，正是大面积提高合格率的重要前提。

三、因材施教，分层管理，抓住重点

因材施教，分层管理，抓住重点，是大面积提高合格率的关键。学生的学习成绩有时会出现两极分化的倾向，第一名总分与最后一名总分相差很多，而这一群学习的"弱势群体"对教学的速度、广度、深度都有影响，而且极易带动越来越多的人向其靠拢。面对这种情况，因材施教，分层管理显得尤为重要。因此，我的具体做法是：

对优等生（约前20名的学生）：要求在学习上广泛阅读书籍，适当向他们推荐阅读书目，进行课外阅读指导，不能仅仅局限于书本知识，要拓宽知识面，增加知识的广度与深度，可参加校外各种高层次的学习班，以提高举一反三的能力，并提高文科的才气和理科的悟性。对他们的要求以踏实、勤奋、思维敏捷为主。他们之中的9人已被列入学校的"精英计划"中，这正是因材施教的具体体现。

对中等生（约20名至50名的学生）：这一部分学生有两类，其中以抓中下等生为主。因为他们在学习上的可塑性强，且成绩容易提高，属于有进步空间的学生。对他们来说，扎实掌握基本功，对书本知识的全消化，尤其是当堂消化极为重要；作业必须独立完成，稳扎稳打；最重要的是持之以恒。所以，对他们的要求以耐力、恒心、勤学好问为主。

对学困生（约50至65名的学生）：这一部分学生正是分层管理的重点，因为前两类毫无疑问已经是在合格率以上的学生，再加压只是提高的问题，而这一部分学生却是在合格率上摇摆不定的不安分因素，抓好了他们，整个班级的合格率就会大面积提高，反之将背道而驰。因而，要想大面积提高合格率就必须抓这一部分人的成绩，这是战略大政。也正因如此，这一部分学生牵住了教师的大半精力，如何引导他们也成了班主任的首要责任。

这一部分学生往往是教师重点批评教育的对象，每天要经受种种"磨难"，但他们每天都在坚持：坚持到校、坚持上课、坚持挨批、坚持被罚写作业……正如教育家魏书生所说："我们的后进生有着其他人没有的坚强的毅力和耐挫力。"正是有了这批特殊的学生，班主任工作才变得"多彩""丰富"，才变得更有价值、更有意义。所以，对他们要多鼓励，少责难；多关心，少歧视；要善调控，巧挖潜，苦寻闪光点。说起来"冠冕堂皇"的理论，在实际操作中却令人煞费苦心。如何找到转化的突破口，把握有利时机及时教育并尊重他们，满足他们的心理渴望，是工作中必须思考的问题。他们在学生群体中不占优势，却非常渴望人们的理解和尊重。哪怕只是一句肯定的话，他们都会得到心理上的满足，以致降低心理防线，出现一次转化良机。在教育过程中，在尊重、信任、坚持的前提下，要肯定他们的进步，让他们意识到自己是一个有用的人，鼓励他们对学习的自信。所以，对这些学生，首先是要帮助他们树立自信，及时捕捉他们身上的闪光点；其次才是帮助他们巩固基础知识，及时消化课堂所学，通过"吃小灶"的方式完成对课本知识的理解。对他们的要求是自信、坚持、求实、上进。

四、丰富活动，加强沟通

丰富活动，加强沟通，是大面积提高合格率的必要手段。多为学生创办积极有益、健康向上的活动，也是校园工作中不可或缺的内容。有益的集体活动不仅能够增强班级凝聚力，也能让学生在紧张的学习之余，调整身心状态，使疲惫的大脑得以休息。所以，在计划中适时、合理地安排几次益智或放松的娱乐活动就显得尤为重要。比如，生日聚会、课本剧表演、辩论赛、联欢会、爬山、游园等，争取让他们娱有所得，乐有回味，使身心得到全面放松，从而更好地面对学习，提高效率。

多与家长交流、沟通，及时反馈学生的学习动态并了解学生的思想状况，积极配合，分析其利弊，展示其短长，给学生以自信，给家长以自信，共同抓好学生们的学习。以小范围开家长会或个别交流的形式与他们交流、探讨，以商量的方式更好地解决问题，并以此来提高学生的成绩，这在冲刺阶段尤为重要。

点击语文电教手段之"瑕"

现代电教手段以其形象、直观、容量大的独特优势改变了以往课堂单一的教学模式，提高了学习效率。《语文课程标准》中明确提出要适时、适宜地运用电教手段，辅助教学。然而，随着电教手段的不断更新，其"瑕"处也微露端倪。

一、它忽视了作为一名语文教师的基本功——写

"听、说、读、写"是语文教学四大重点，而最终要落到"写"上。这"写"不仅要写的内容好，也要写得漂亮。字是一个人的门面。对于教师，尤其是语文老师而言，更要写一手好字，一手漂亮的板书。这本身就是对学生最直观的教育，甚至可以激发学生的模仿欲望，从而对教师心生敬佩。然而，相当一部分教师在电化教学过程中完全忽略了这一环节，将所有的板书全挪到了屏幕上，并且尽可能选用最漂亮的字体取代板书。学生在语文课上看不到教师洒脱的书写、飘逸的文字，岂不是一种遗憾？长此以往，学生恐怕对汉字的书写笔画都陌生了！

二、过于直观的课件反而束缚了学生想象力的拓展

语文教学应注意培养学生的创新意识和丰富的想象力，这一切离不开教师形象的语言和生动的描绘。要唤起学生沉睡的想象思维，教师不能将自己的

直观理解强加给学生。比如，在《陌上桑》一文中，文中通过侧面描写极力展现了秦罗敷的惊人之美，学习重点是引导学生掌握侧面描写手法的应用。理想的教学效果应是教师用丰富、形象的语言描绘，从侧面为学生展现一个美丽的女子形象。而这个形象又不是具体的，因为在每个人心中都有一个自己的秦罗敷：或胖、或瘦，或高、或矮，或双眼皮、或丹凤眼……每个人的审美眼光不一样，那么每个人心中就有一个属于自己的美丽的秦罗敷。然而，一位教师在讲授此文时，按自己的意愿为文章配了一位古代仕女图，而且每一个画面上都配了一个人，可谓美女如云，极尽展现古代仕女之美。这位教师想用这种直观的效果让学生看看美女，但忽视了学生自己的审美情趣，忽视了学生丰富的想象力，忽视了学生心中都有属于自己的"秦罗敷"。所以，语文教学中应更多地注重教师的语言表现力，用流畅的文字唤起学生的想象力，让每个学生心中都有一幅属于自己的图画。

三、本末倒置，忽视了课堂教学的主题

在优质课评比中，似有一条不成文的规定：如果授课者不使用多媒体就是跟不上潮流，就是缺少创新，就是陈旧、落后、封闭；使用了现代化教学手段或科技传媒以丰富课堂教学，就算是"与时俱进"。于是，在授课工具的运用上，纯属为电教而电教，用不上也要用，能用的更要花样翻新、与众不同，于是呈现出"高、奇、杂"的现象。"高"——用最高级、最时兴的信息技术；"奇"——猎求新奇、刺激效果；"杂"——一拥而上，成为多媒体展销会。教学的目的是传道、授业、解惑，是为了让学生掌握知识技巧与方法，这才是课堂教学的主题，却被过于花哨而杂乱的课件冲淡了。这不仅分散了学生的注意力，还浪费了学生宝贵的学习时间。

比如，一位教师在讲授《木兰诗》时，将文中的每一句话都打在了课件中，并且为每句（以句号为主）都配上了形象、直观的插图：有木兰骑马作战的，有夜守边关的，有凝神深思的，也有"对镜贴花黄"的……丰富的插图引起了学生的注意力，上课气氛也很活跃。每一幅插图的播放都激起了学生的评

议，文字反而成了辅助材料，学生甚至还没来得及看文字的解释及内容概括就被匆匆"翻页"了。学生忙于眼花缭乱的课件浏览，结果因小失大，华而不实。

以上"微瑕"也许还不足以"掩瑜"，但如不引起重视，任其发展，"瑕"的斑点就会越来越大，越来越多。我们提倡适时、适宜地使用电教手段，但不要勉为其难，强加于学生，避免弄巧成拙。只有有效地化解这小小的"瑕"，才能让电教手段发挥其真正的价值与功效！

新课程语文教学应注意的几点问题

新课程改革开始后，语文课堂教学面貌发生了根本性的变化，涌现出一大批新课例和一些好做法，语文课堂充满生机，人文化突显。语文实验教材既保留了传统教材的经典篇目，又选编了形式活泼、意蕴丰富、时代感浓、亲和力强、富有人文精神的新篇目，适合中学生阅读，易于他们接受。加之教学方式的改变，现代教育技术手段的介入，语文课堂呈现出多姿多彩的生动状态。然而，在这一片繁荣景象之下，以下几个方面的问题却值得关注与思考。

一、突出人文性，但不能淡化工具性

新课程标准把情感态度和价值观等人文因素放在教学目标的突出地位，突出了语文教育应有的丰富内涵，充分展示语文自身的魅力。在新课程改革中，有些教师淡化知识体系，对字、词、句等基础知识教学一点就过，对文体常识等概念性知识也很少提及，只一味追求内容的新颖、创意，唯恐被人说落后、过时。所以，在新课程改革刚开始实行时，有些学生甚至连一些极常用的字词都不会读、不会写，对基本的写作常识不了解，即使他的文字感悟力很强，也是难以有好的表达。长此以往，其他的一切活动都将成为空中楼阁。

二、小组讨论应适时有效，不可搞一刀切

教师尊重学生这一学习主体，把学生的合作学习放到了重要位置，小组

讨论已成为"自主、合作、探究"理念下普遍的课堂形式。尤其是在公开课上，如果缺少了小组讨论，执教者和听课者会觉得这节课没能体现出新课改的理念，因而小组讨论在课堂上大行其道。表面上看是人声鼎沸、热闹异常，实质是流于形式、收效甚微。语文课堂少不了品读、感悟、玩味、思考。语文课"心动"比"行动"更为重要，有时"沉静"比"活跃"更有效。在自学、自悟基础上的合作学习，旨在通过互相启发、共同探究，培养合作精神和协作能力。学生只有在充分独立思考的基础上，再加强交流，才能取长补短，实现真正意义上的合作。

三、多元解读应有界

传统阅读的目的主要在于理解作者的创作意图，而现代阅读的目的则过多地在于建构新的意义，这个意义来源于文本、作者与读者。从接受理论来看，阅读是读者接受意义的过程。读者在阅读前存在一个期待视野，而作者在文章中也给予了一个召唤结构，读者阅读后与作者的视界融合，即他自身的理解。现在，很多教师已接受了这些理论，认识到阅读是学生的个性化行为，因此鼓励学生以自己已有的知识积累和生活经验去感悟、体会，从而理解作品。在这样的前提下，多元解读频频见诸课堂。但有些解读令人啼笑皆非。比如，在讲《范进中举》时，一位教师让学生分析范进这个人物，有学生慷慨激昂地说，范进有不达目的不罢休的坚韧劲儿，为了实现自己的理想，即使自己和家人将要饿死，他也一直坚持到人生的暮年。教师为了肯定他，就说这个同学的思维很有新意。如果这也是多元解读的话，那也只是一种不加分析的架空文本，只抓住了局部或片言只语，脱离时代背景的想当然的误读。在这种情况下，教师应观点明确地对学生说"不"，避免学生失去正确的价值判断和审美取向。

四、作文评改应改变教师的话语霸权

作文评改中教师的作用归根结底是间接的，最终要落实于学生的反思上，而现在由间接的一方构成了事情的主体甚至全部，不能不说是一种角色错位。

在绝大部分学校和上级部门的检查中，有没有认真地给学生作文做详细评语是考察语文教师工作态度表现的重要方面。因此，教师从主动到被动，都必须处于包办作文评改的地位。正因为只有对教师的评价，没有对学生领悟反馈环节的评价，而使得要求学生掌握的东西始终难以落到实处，这也是作文教学效率不高的重要原因。

《课程标准》指出："实施评价，应注意教师的评价、学生的自我评价与学生间互相评价相结合。加强学生的自我评价和相互评价，还应该让学生家长积极参与评价活动。"以新课程标准理念为指导，改变教师的话语霸权，重新构建作文评价体系，应当是提高作文教学效率的必由之路。

五、对"量"的问题要适时解决

新教材精读文、课内外自读文的"量"的增加与时间的有限形成矛盾。经过专家讲座、学习交流，教师在处理教材时理论上能理解，也逐步认识到要敢于自主选择，敢于删减自认为不必要细讲的文章，但在实际操作中还是不敢放手，唯恐教中有失。这种心理也必将影响授课的质量。新课程注重语文素养、综合素质，体现出长效性，而考试更在乎速成、短效，教师必须要在"量"上敢于放手，敢于上出自己的"教材"。

质疑《生于忧患，死于安乐》中的几点注释

对人教版九年级下册《生于忧患，死于安乐》一文中的几点注释，我有一些看法，并与同行有所交流，在此与大家商榷。

《义务教育语文课程标准》（2011年版）中对中学生文言文阅读能力的培养要求是："阅读浅易文言文，能借助注释和工具书理解基本内容。注重积累、感悟和运用，提高自己的欣赏品位。"虽然要求是"理解基本内容"，但是中考时有"解释句中加点的词"和"翻译句子"等考试内容，所以教师不得不将文言文逐字逐句地分析到位。于是，我与《生于忧患，死于安乐》这篇文章不同版本的几点注释产生了些许分歧。

人教版九年级下册与北师大版七年级下册都选编了孟子的《生于忧患，死于安乐》一文，可见该文在诸子散文中的地位不容忽视。但此文高度凝练的语言使得学生在理解上有相当的难度，而书下注释又往往以曲译为主，这样就更增加了学生理解的难度。尤其两种版本中对"行拂乱其所为"一句都解释得较为笼统。（人教版解释为："使他做事不顺。拂：违背。乱：扰乱。"北师大版解释为："他的每一行为总不能让他如愿。"）导致部分教师上课时在该句的处理上也模糊地一带而过，只解其大意，而忽略对细节的揣摩，甚至将该句节奏错误地划分为"行拂乱／其所为"。曲译的方式虽然也符合新课程标准中对文言文学习的要求，但究其细节，我认为仍有不妥之处。

"行拂乱其所为"一句中，行指行为、行事、做事。而对于"拂"字的解

释，《古代汉语词典》（商务印书馆2000年版）第421页对其有诸多阐释，其中第一项为"违逆，不顺"。比如，《韩非子·南面》中："故虽拂于民，必立其志。"《汉书·于定国传》中："时陈万年为御史大夫，与定国并位八年，议论无所拂。"而在课文句中也是此解。两套教材对这一点都很明确，无可非议，乱，北师大版中没有注解，人教版中只解释为"扰乱"，虽是动词，但我认为不够准确，该字应解为使动用法"使……颠倒错乱"。它应与前文中的"苦""劳""饿""空乏"和后文中的"动""忍"用法一样，都为使动用法。（北师大版中对这几个字的注解都非常到位，明确翻译为使动用法）其所为，人教版中没有解释；北师大版中解释为"指其心所欲为，意即愿望"，我认为这一解释太过笼统，所指不明确。具体析解："其"，代词，代指他、他的。"所"，用在动词前构成名词性词组，指代人或事物。"为"，动词，做事、行事。此处"所"与"为"合用，即指所做的事。故该句对号入座，字字落实串译起来就应为：行事不顺，使他的所作所为颠倒错乱［或行事违背（意愿），使他所做的事颠倒错乱］。这样断句就应为"行拂／乱其所为"，或更细一些将"乱其所为"再划分为"乱／其所为"。

北师大版本中将"所以动心忍性"中的"所以"注释为"用这些来……"，也有不妥之处。"所以"一词在《古代汉语词典》中只有两种解释：①用来……（的方法）；②……的原因。此处应是第一种理解。准确来说，注释中不应有"这些"，如按意译注释而言也必须将"这些"加上括号，以表示是翻译时为使译文通顺而加上去的。否则会误导学生认为该词的解释中有代词的成分。

又如，两种版本在对"困于心，衡于虑""征于色，发于声"进行注释时，对"于"字都没有解释到位，这样学生对文言虚词的积累与掌握势必都会受到影响。这就要求老师在疏译的过程中，要特别提出，予以强调。否则学生光看注释，即使是背会了译文，也不见得知道"于"为介词，是"在"的意思。

对书本上不妥之处的质疑，既体现了教师的教学探究精神，同时也培养了学生的质疑探究意识。教师要从实践中教育学生"学则须疑"，否则"尽信书则不如无书"。学生要敢于质疑书本、教参、教辅资料等，要相信自己的能力，相信自己的判断，精益求精地学习和钻研。长此以往，在学习中不断搜集资料、筛选信息、积累知识，必有所获。

"以学定教"，你做到了吗？

"以学定教"，即依据学情确定教学的起点、方法和策略，认真了解学生的知识储备、学习能力，设计有针对性的教学内容、教学方法、教学过程。

现在的课堂教学多是教师"以讲代教"，学生"以听代学"，课后"以练补学"。因此，课堂教学变革要变"对话为中心"为"任务为中心"，通过任务带动学生学习。教师在课堂中最重要的任务不是讲课，而是组织学生学习。衡量一堂课是否成功，并不是看教师的课讲得漂不漂亮，而是看教师有没有组织学生进行有效的学习活动。

怎样做到以学定教呢？要从观念层面、方法层面和操作层面实施。

一、以学定教，改变观念

若想提高以学定教的素养，教师要树立教学是为学生发展服务的观念，即树立生本意识、人本意识。

在教育活动中，教师和学生都是一般意义上的主体，但教育主体只能是学生，"学生意识"是指不仅要在行为态度上尊重学生，要从根本上把学生当作教育主体。尤其面对学困生时，教师更要用爱心和耐心面对他们，用微笑感染他们，用鼓励肯定他们，用平和的心态影响他们。爱，是教育的前提。心中有了爱，还要会去施爱，要敢于放手。无论思想情感教育还是知识教育，都要敢于放手，引导学生慢慢往前走，哪怕一小步也是进步。比如，刚开始学生不发言,后来有一名、两名学生发言,再到三名、五名,这都是进步。再如,我刚带班时只有一名学生及格,期中考试时就有了五名、期末有八名,后来十几名,这都是进步。

所以,爱是一种能力。怎样提升这种能力?首先要读懂学生,而不能将自己的意志强加给他们。

二、以学定教,明确目标

在大班授课时,一班五六十人,若讲因材施教确实难以操作,但教师适当分层施教还是可行的。

1. 制订分层教学的计划

首先,根据学生的智力、基础、接受能力和学习态度等,将学生大致分成三个层次。对学生的分层应由教师掌握,不宜对学生公开,防止优生自满、差生自卑,尽量保护低层次学生的自尊心。对学生的分层是动态的,要随时注意学生层次的变化,鼓励低层次的学生向高层次发展。

然后,再根据同组异质、互助共进的原则,适当搭配,将学生分成若干学习小组。学生在这种小组中讨论交流时,较为优秀的学生可通过介绍自己的思维方法,提高表达能力并培养思维的灵活性,通过概括组员的发言提高自己的概括能力;中等的学生在交流中能得到启发,从而掌握正确的方法,使所学知识融会贯通;较差的学生在讨论交流中可以充分发表自己的见解,同时还可得到他人的帮助,有利于理解和掌握教师的讲解。

2. 制订多层次、可测性的教学目标

例如,语文可将目标具体分为三个层次的任务:一是基础知识的识记和基本能力的培养,所有的学生都要达成;二是学会阅读,能理解课文中的关键字句,体会作者的情感,这是中等程度的学生可以完成的;三是发展思维,拓宽阅读视野,提高写作能力,这是优生可以完成的。至于可测性目标,例如,在教学《阿长与〈山海经〉》时,如果将教学目标定为"掌握本课重点字词"就显得笼统无法检测了,如果将其定成"掌握掳、震悚、惶急、疮疤、诘

问、惧惮、霹雳的读音以及诘问、惧惮、渴慕、深不可测和莫名其妙的意思"就变得具体可测了。

3. 教学内容的分层

教学目标确定后，课堂的教学内容也应进行相应调整和组合，要注意使内容的难易度能适应各层次学生的水平。在阅读教学中，除了共同探究教材中的课文，教师还要适时引入贴近学生生活、文字浅易的课外读本或学生的优秀作文。不同层次文本的共读，会使各层次学生各得其所、各有所得。

在课堂上，问题解决时先要想到"学困生"，努力寻找他们的闪光点，对其进行表扬鼓励，树立其解决问题的自信心。再提问中等生，利用回答不足之处，将问题展开，深入下去。重难点突破时，要发挥优生的优势，以他们带动全体学生的深入理解。比如，学习课文时，字词音义形和作者的相关信息比较容易，可引导"学困生"积极参与；课文内容概括，让中等程度学生谈他们的发现；重点句子和段落品析，引导优生表达不同的看法。这种在"可能性"预见下的问题分层设想，也可以灵活变通。

4. 训练（或作业）分层

作业是实现知识迁移、能力形成的重要途径。教师要设计多层次的练习供不同层次学生选择，所选定内容由易到难形成阶梯。易题，学困生必做，中优生可选做；较易题，中等生必做，"学困生"和优生可选做；难题，"学困生"可不做，中等生可试做，优生必做。

分层教学，"分"是手段，而班级水平整体提高是目的。在"分"中要做到两头齐抓共管，切忌顾此失彼。

三、以学定教，方法多思考

正确实施以学定教，方法有很多。比如，课堂上设计提纲挈领的主问题引领；敢于放手地让学生讲解；尝试"小老师"课堂；让学生全面质疑释疑等。课堂上，教师不能唱独角戏，要准确定位自己，做到师生互动、生生互动，教师通过提问、激励，使课堂"静"在独立思考，"乱"在各抒己见。再如，改变评课方式，适当征求学生的意见。学生在评课中参与评价，从他们的角度谈谈看法，虽然粗浅，但不失真实。陶行知说："人人都说小孩小，谁知人小心不小。你若小看小孩子，便比小孩还要小。"

只有真正做到了"以学定教"，才能实施有效教学策略，实现高效课堂；才能优化教学过程，培养并提高学生的学习能力；才能实现师生有效互动，引导学生轻松学习。其必要性和实效性大家都知道，但总体上实行的情况却并不理想。因此，要让"以学定教"真正成为教师教学中自觉遵循的原则，除了提高教师的认识和能力以外，在创设良好的环境方面亦十分重要。

"121自主互动"课堂教学模式助推以学定教

根据兰州十六中的现状，与教研组长沟通，我们推出了"121自主互动"课堂教学模式。

一、10分钟自学

根据不同的课型、不同的层次，制订并完成不同的学习任务。在这10分钟里，教师简要提出要求后，将学习时间的支配权交给学生。实行先学后教，学生对知识先进行自我建构，从而走出强迫性学习的沼泽地，真正实现"以学为本，因学论教"的教学理念。

二、20分钟互动探究

即通过生生互动、师生互动，将学习引向深入。在操作上可以是小组讨论，可以是全班交流，讨论自学时遇到的困难和障碍，但要保证完成时间明确、目标要求明确、检查方式明确。交流时师生、生生相互碰撞，相互答辩。教师扮演组织者、引导者、学习者、参与者的角色。这种交流属探究学习，因此教师不能毫无是非观念，听任学生海阔天空的发挥；这种交流是平等对话，因此教师要以与学生平等的身份积极参与，与学生共同学习、共同探究，而不是只充当旁观者、指挥者、裁决者。

三、10分钟小结反馈与拓展

通过检查学习效果及时发现问题并加以纠正，以弥补自学、讨论交流中的不足，让学生把刚学到的知识转化为能力。当堂反馈的要求，一是针对性强，有的放矢；二是精选题目，量度适当，难易度适中；三是训练形式独立、快捷，教师不辅导，学生不抄袭；四是当堂批改，既防止错误积累，又使总结出来的规律方法在"再实践"中得以运用，内化为操作能力。

该模式在形式上首先增加了学生的自主学习时间，减少了教师讲授的时间。教师讲授的时间少了，学生的自主性就得到了充分的保证，其根本目的是在教师从根本上转变教育教学观念后，将其真正落实到操作层面。

在传承中创新

在参加了由市教育局组织的"兰州市中小学在职校长远程教育提高培训"、第二期"兰州市教师发展学校"培训以及区、市教育局组织的教师晋升职称的课堂教学评审活动后，我获益匪浅，感触颇多。对新课标贯彻实施、新理念体现等诸多问题，我有了自己的理解与认识。我最大的感触是教学理念必须在传承中有所创新，不能因改革、创新而失去传统精华。

结合自身的教学，我认为一节好课要在改革中有所创新，必须坚持一个指导思想和三个中心。一个指导思想即以学生为主体，教师为主导，以合作探究式学习实现师生互动、生生互动；三个中心即以课本为中心、以学生为中心、以课堂为中心。

如在听《云南的歌会》一课时，纵观整体教学，教师们大都是以情境导入、初步感知、合作探究、把握旨趣、品读美文、熏陶感染，以写了什么、怎么写的、为什么这样写的思路结构课堂，并以此实现三维目标，整体的教学思路是可取的，符合人们认识事物的逻辑规律。

有的教师充分利用本土资源，以甘肃的花儿这种民歌形式引入，唤起学生的兴趣，随后再以直观形象的云南民歌对唱形式带学生走进民歌圣地，让他们初步感知民歌的特点，再结合课文学习。在这样的蓄势下，不但吸引了学生的注意力，调动了学生的学习积极性，而且为学习课文内容起到了理解性的铺垫作用，它是在以课本为中心的基础上生发而来的，并不是无目的的操作。

有的教师在教学中充分关注学生的个性体验，落实新课标理念，重视语文学科的熏陶感染作用，尊重学生在学习过程中的独特体验。比如，在设计问题环节，让学生讨论哪一幅场景写得最好并说出理由。再如，让学生设想自己是新华社记者，报纸头条需要一幅云南歌会采访图片，你会选取哪个角度拍摄，并说说理由……鼓励学生谈出自己的体会，无论是语言上、内容上，抑或结构上，只要有独到之处就可以畅谈，这是一个开放性的话题，把学习的主动权充分交给学生，教师只是抛个问题扔个线，引导而已，让"鱼儿"们顺着线走。学生的反应也相当活跃，对不同的场景、不同的摄影角度都能谈出自己的认识。所以，我认为类似这样的问题是符合新课标、新理念的要求的，也许谈不上创新，但思路是正确的。

在课后回顾与反思时，我意识到教师们在创新中忽略了传统的精华，遗落了很多基本的知识储备这一问题。比如，在引导合作探究、分析具体内容时，过分注重尊重学生的个性体验，而忽略了共性的知识要求，忽略了对知识框架的建构与明确。学生谈出"山野对歌"好在对人物的细致描写后，能进一步谈出人物的勤劳、淳朴、本色、健康，对内容的分析是到位了，但对于人物的描写方法这些最基本的知识点却没有归纳到位。比如，外貌、动作、神态描写分别具有怎样的神韵，在现实写作中又该如何运用，怎样多角度、多侧面地描写人物才能使形象饱满、活灵活现等，没有深入探究。所以，在对这样的基本知识点的引导、启发与储备上有所欠缺，而只停留在了口头形式上。

又如，在指导学生品读美文、熏陶感染时，有的教师过分注重学生的评价，忽略了从学生的回答中迅速筛选信息，得出结论并上升到理论的高度，进而对知识点加以概括和总结这一点。学生能说出他人读错了字并加以改正，教师就应该立即让大家明确朗读课文首先要做到读准字音；当学生能说出他人读得没感情时，教师就应引导该如何注意语调的抑扬顿挫和语气的轻重缓急。教师要引导学生从感性的认识上升到理性的总结高度，以达到朗读课文应做到哪些要求这一知识落点。正如，另一位教师在朗读时先理性明确：声音亮、吐字清、像说话、有真情、重停顿、悟意境，再指导朗读。我与他的构思相反但目的相同，然而我却没有这样的理性总结，致使教学落点不到位，只顾及新理念的体现而忽视了基本教学点。

通过不断的学习交流，我们应该认识到虽然我们面对的是新课程、新课标、新理念，但并不意味着课堂教学设计就应一味求新、求异，甚至求怪。教师应在传承中创新，在继承中发展，而不是完全喜新厌旧、摒弃传承，不要因盲目改革创新而失去传统的精华，不要忽略那看似简单背后所蕴含的深刻哲理。

从课内到课外的阅读指导

在《语文课程标准》中，要求九年课外阅读总量应在400万字以上，《实施建议》中关于阅读教学提出的要求是：要重视培养学生广泛的阅读兴趣，扩大阅读面，增加阅读量，提高阅读品位；提倡少做题，多读书，好读书，读好书，读整本的书……加强对课外阅读的指导，开展各种课外阅读活动。

然而，现在的学生由于阅读习惯养成欠缺，以及课余时间被大量补课充斥而无暇顾及阅读等原因，阅读量很少。针对如何培养学生的课外阅读兴趣，提高阅读效率，我与工作室的成员进行了一些尝试。我们立足课堂、整合教材，以提高学生课外阅读的有效性为中心，分别从阅读兴趣、阅读环境和阅读方法三方面进行了尝试，取得了良好效果，与大家分享。

一、培养阅读兴趣——激励课外阅读

课外阅读是课堂阅读教学的延伸，是学生在课余时间的自由阅读，在质和量上都很难把握。众所周知，兴趣是最好的教师，要提高学生的课外阅读能力，首先要培养其阅读兴趣，使学生自觉地进行课外阅读。为此，我们从以下几点做起：

1. 用生动有趣的故事激发学生阅读兴趣

为把学生的阅读兴趣从课内引导到课外，教师要抓住青少年的心理特点加以引导，可以从他们感兴趣的电视入手，鼓励他们看动画故事、少儿节目，并利用语文活动课让学生听故事录音，看故事视频，还可以让学生上台把自己看到、听到的故事讲给大家听。那生动的语言、曲折的情节、声情并茂的诵读都会对学生产生强烈的感染力。教师可以告诉学生，这些内容故事书里都有，只要自己去看书，书中的故事无穷无尽，并向学生推荐一些故事书，如《安徒生童话》《三国演义》等，让学生自己到学校图书室借阅。这样，学生自然会产生浓厚的阅读兴趣。

2. 用形式多样的阅读活动保持兴趣

在班级中举办形式多样的语文活动，让学生充分展示他们的阅读成果，更好地激发学生进一步阅读的兴趣和积极性。比如，开展介绍一本好书、讲故事比赛、读后感交流会、成语擂台赛、古诗词赏析、追寻足迹等活动，以此鼓励学生进行课外阅读。在教室的一角设置作品栏，展出学生的读书笔记、手抄报等作品，评出优秀内容，给予奖励，让学生获得成功的喜悦，使他们对课外阅读保持比较持久的兴趣。

3. 以课内促课外，指导阅读兴趣

初中语文教材中有许多古今中外的名家名作，但一斑并不等于全豹，教师应趁热打铁向学生推荐该作家的其他作品或相关作家的同类作品，引导学生向课外拓展阅读。比如，学了朱自清的《背影》，向学生介绍朱自清的散文名篇《荷塘月色》《绿》等，把陶醉于感人的父子之情中的学生引到优美的自然景色之中。同时，新教材每册都有推荐初中生必读的3～4部中外名著，如《钢铁是怎样炼成的》《名人传》《格列佛游记》《骆驼祥子》等，这些作品不仅是学生感兴趣的，而且能熏陶学生情趣，提高学生的阅读能力。当然，课本内除了经典名著外，也有不少关于探讨人生哲理、感悟生命真谛的文章，如《热爱生命》《童年》等，教师也可做针对性推荐。

总之，教师只要正确引导，采用科学有效的方法，充分利用积极有利的因素，就一定能激发学生的课外阅读兴趣，进而使学生养成良好的课外阅读习惯。

二、创设环境和条件——保障课外阅读

思想观念的落后和阅读资源的匮乏，是农村学校开展课外阅读的最大障碍。教师要因地制宜地指导学生充分利用现有的条件，创造课外阅读的环境和条件。

1. 要争取家长的支持

大部分家长把课外书看成"闲书"，对学生看课外书横加指责、劝阻，更不用说花钱买课外书了。学生得不到家长的支持，课外阅读在家中就无从开展。教师要利用家长会、家访的机会向家长反复说明当今语文学科的特点和要求，以及阅读对学生成长的重要性，让他们明白对课外书的阅读是课内学习的延伸，要将课内所学知识有效地在课外阅读上得以实践，并在行动上给予支持和肯定，在经济条件允许的情况下为学生购买、订阅一些课外书。

2. 充分利用学校图书室、阅览室开展阅读

学校图书室有一定数量的藏书，教师可经常到里面翻阅，了解书目，以便有针对性地推荐给学生阅读；每周利用学校设置的课外活动阅读时间，组织学生进行针对性阅读。教师要求学生必须选择《读者》《语文报》《中学生阅读》《散文选刊》等报纸杂志。因为这些报刊内容丰富、类型多样、人文性强、蕴涵人生哲理，对学生知识和情感的熏陶和培养都是非常有利的。坚持不懈阅读下去，必然能开阔视野、增进积累、加强语感、提高能力。

另外，对于一些家庭条件较好的学生，教师指导其利用网络资源，把一些好的篇目或好的网站介绍给同学，让学生利用电脑课或课余时间，自行上网阅读。

3. 建立班级图书角

班级是学生每天活动的主阵地，可以让学生在这里接触到更多的课外知识，建立班级图书角是一个极好的形式。图书角的书由学生从家中带来，没有的也可以买新的，每人至少一本，多多益善，并由班委造册登记后派专人管理，每天课外活动时间为借书、还书时间。这样一学期下来每名学生在班上就

可读到至少几十本书，然后这些书每学期更换一次。教师也可把自己藏书中适合学生阅读的书拿到班级图书角扩充资源。实践证明，学生捐献的书是丰富多彩的，学生在阅读中也倍加珍惜。这对激发学生的阅读兴趣无疑是大有裨益的。

三、科学的方法指导——课内指导课外阅读

在课外阅读中，学生存在着严重的随意、无目标、无方法等现象，重要原因就是他们不知道有什么书可读，应该读什么书，怎样去读课外书。这时，教师的指导就显得尤为重要和必要了。

教师指导学生选择书籍。高尔基说："书是人类进步的阶梯。"读书是好事，但如果一个人对所有见到的书都来者不拒、照单全读的话，也并非什么好事。别林斯基就曾说过："阅读一本不适合自己的书，比不读还坏。"更何况中学生有学业负担，课外挤时间阅读已属不易，如不加选择，只能是虚度时光而没有收获。可以说，学生能否正确选择读物关乎课外阅读的成败。处于求学阶段的学生大多不太明确自己该读什么书，这就需要教师的指导。

教师指导学生课内外结合，以一带十，相互促进。比如：学习了《荷叶母亲》之后，可推荐学生阅读冰心的《春水》《繁星》；学习了蒲松龄的《狼》之后，可推荐学生阅读《聊斋志异》等。特别是与新课标相配套的课外《读本》中的美文，则更应重视阅读积累。

教师要根据学生的爱好及个性特点有针对性地个别指导。对于基础扎实、各方面发展平衡的学生，要引导他们在自己的爱好方面再多读一些书，包括文学类的、科技类的、政治类的，力求在量的基础上有质的突破。甚至可以鼓励他们阅读一些报纸杂志，如《读者》《青年博览》《语文报》等，还可以推荐他们收看一些影视作品，或者阅读一些宣传标语、广告词等。这也是人教版语文教科书综合性学习中所提到的。

通过"讲读归纳（课内阅读）—自主解读—品读指导（课外阅读）"，使学生自主阅读的兴趣不断增强。在全体课题组教师及实验班学生的带动和影响

下，全校掀起了一个又一个读书高潮，阅读教学也取得了一定的成果。课题组教师写了不少具有一定价值与分量的教学论文，指导学生写的读书卡片、读书笔记、读后感也颇有收获。相信只要教师坚持，学生就会坚持；学生坚持了就会形成习惯，习惯形成了，就会终身受益！读书会成为骨子里的修养，会成为无需提醒的自觉，会成为为别人着想的善良的人，也会使学生真正成为一个有文化的人！

3

第三辑

把握时机，择机而动

俄国教育家乌申斯基说："教育者无论是怎样研究教育理论，如果没有教育机智，他不可能成为一个优秀的教育实践者。"学生思维变化的不确定性，课程的生成性和开放性，学生对课程的多元化反应和个体差异等，都使课堂教学中的不可控因素增多。因此，教师要自如地驾驭课堂这个复杂多变的动态系统，顺利地完成教学任务，就必须把握教学机智，快速敏捷地捕捉教学过程中的各种信息，灵活果断地采用恰当有效的策略与措施，将预设与生成有机结合，审时度势，促进精彩生成。

富有教育智慧的教师面对偶然性问题和意外情况时，会瞬时奇发妙策，随机应变，突破预设，产生"不期而遇"的精彩。对教师而言，我们应该关注引导下的生成内容，把握时机，择机而动。但在教学实践中，不少教师缺乏生成意识和及时捕捉、随机处理课堂新信息的能力，当学生的思维活动"出轨"时，或是学生思维很好地"发散"时，教师不是漠视就是强行拉回，使其回到预设轨道，从而压制了学生学习的积极性，泯灭了他们创造性思维的火花。那么，该如何把握教学机智，择机而动，促进精彩生成呢？

有效情境原来是这样生成的

参加省骨干教师培训时，听到西北师大靳健教授讲过的一个案例，感受颇深，在此与大家共享。

某中学一语文教师教学风格独特，深受学生喜爱，已成为学校的一张名片。他有一个最大的特点：上课准时！

这天，领导来校视察工作，临时要听课，刚好下一节就是这位教师的课。于是，视察组一行数十人来到教室坐下。悦耳的铃声响了，教室里鸦雀无声，大家都充满信心地等待主角的出场。然而，不可思议的事发生了：语文教师没来！没关系，等等，可能突然有事，耽误一会儿就来了，校长如此安慰自己。30秒过去了，没来！今天早上还见到他了呢！来了呀！校长内心嘀咕着。

"打电话！"校长吩咐。教务主任马上打电话，不通；再打，占线；三打，没人接！一分钟过去了，还没来！

"去找！"校长又吩咐。年级组长率先冲出教室，教务主任紧随其后。教室里有些躁动，局领导表情凝重。1分30秒过去了，仍旧没来！领导动怒，拉开凳子，起身欲走，众多随从也纷纷起身，拉扯凳子的声音响成一片。学生们议论纷纷，教室里嗡嗡一片。

正当领导们走到教室门口的时候，只见这位教师气喘吁吁地从走廊上跑过来，满头大汗，一看到这么多的领导站在教室门口，一惊（事先没通知他要听课）。他慌慌张张地走进教室，踏上讲台差点绊倒，拿的教案散落一地，手忙脚乱地拾起来后，心虚地看了一眼又重新落座的领导们。"上课！""起立！""同学们好！""老师好！""同学们，今天我们写的作文题目是《当老师迟到两分钟的时候》，先写作，后交流。"结果，这节课取得了空前的成功，有的学生竟然只用了十几分钟就完成了作文，所有的学生都"奋笔疾书"，有话可说。神态描写、动作描写、心理描写、语言描写、场景描写绘声绘色，妙趣横生。

原来这节课本身安排的就是写作，为了创设写作情境，这位教师故意为之。为了让情境更真实，上课铃一响，他就绕着楼梯开始跑，跑上去，跑下来，再上去，再下来，来回跑了三趟，才制造出气喘吁吁、大汗淋漓的状态，踏上讲台，散落书本，都是有意为之。先不说这位教师的胆量是多么令人敬佩，单是他如此精心的创设就足以令人感动。

创设良好的情境，使课堂生成良好的资源，为教学目标服务，这样的资源才是有效资源。

"意外"中的有效

学习《夸父逐日》一课时，我让学生谈谈对夸父这一人物的看法，好几名学生窃窃私语起来："笨！笨死了！傻着呢！"之所以窃窃私语，是因为他们也知道答案肯定不能这样说，但这是他们的心声。对此，我紧承他们的话题：

"你说他笨，为什么呀？"

"他去追太阳，哪能追得上！根本不可能的事情嘛！"

"就是、就是。"其他人随声附和着。

"你们真聪明，知道太阳追不上，你们怎么知道的啊？"

"这是科学啊！"学生们觉得我的问题很可笑、很弱智。

"那你们上幼儿园的时候知道吗？"

"不知道！我那时候还让我爸爸给我摘月亮呢！"学生的话变得多了起来。

"哦？那现在还让爸爸摘月亮吗？"学生笑了。

"现在科技发达，我们懂得了很多科学知识，能测出地球与太阳的距离，还能观测出宇宙的运行动态，可夸父那个时代能吗？"我继续引导。

"夸父是个神话人物，是人们编出来的。"

"为什么编啊？"

"那时候生产力落后，科技不发达，人们对自然现象无法解释，所以就编了好多神话人物，说大自然是由他们控制的。"学生居然能说出此等"术语"，真是令我惊讶，看来以前教师有过"铺垫"。

"对！于是人们就创作了许多神话故事，想象了许多神话人物，期望通过这些想象解释某些自然现象。你们从中可以感受到古代人的什么精神？"

"他们也想了解自然，探索自然。"在与学生的谈话式交流中，我引导学生概括出了文章的主旨。

在教学过程中积极关注动态资源，关注意外事件，使之变成有效的教学资源，引导学生自己剖析，从而达到提高学生解题能力，体现学生自悟品格的目的。

课堂因"意外"而精彩

——马莹语文名师工作室"送教下乡"侧记

　　马莹语文名师工作室自成立以来，一直立足学科实际，聚焦课堂，以"高效课堂"为切入点，按照理论与实践相结合、自主与交流相结合、学习与应用相结合、反思与提升相结合的原则，在观察体验、学习思考、参与研究、实践总结的研修过程中，提升学科素养，使工作室成为促进教师专业成长的平台。马莹老师组织工作室全体成员开展了教学观摩、专题讲座、送教下乡等系列活动，切实解决初中语文教育教学中的实际问题，提高课堂效率，进一步扩大工作室的影响力，成为城关区属中学语文教学的示范窗口。

　　工作室的十三名成员均来自教学一线，大家的热情没有因为繁忙的工作而消减，每一名成员都带着对教育信念的执着，带着对语文教学的热爱，走到了一起。充满了对教育教学的真挚与热忱，这里充满了对语文教学的孜孜以求，没有逢迎的客套和虚伪的应付，有的是畅所欲言的讨论和精益求精的琢磨，有的是切切实实的教研。每一次活动，大家都坦诚交流、相互诉说，每一次讨论都能碰撞出智慧的火花，每一名成员都在思想的碰撞与交流中有所收获、有所体悟。

　　在工作室成员十九中牛志杰老师送教二营中学讲授《石壕吏》时，我深切地感受到"以生为本、以学定教"的重要意义：一次联络工作的失误，却让我们深刻地体会到教师驾驭课堂、积极应变的能力不容小觑。当老师上课前了解到学生已经学过此文时，马上进行了教学策略的调整。没想到，这一调整，反倒使这节课成了"经典"，加深了对文本内容的挖掘……

这个因意外而生成的案例，引起了工作室成员的深思。

一、在"意外"中感悟"以生为本、以学定教"

课堂上会有很多出乎教师意外的情况出现，不仅会打碎教师的教学预设，还会打乱课堂的教学秩序。面对形形色色的课堂意外，大多数教师或凭经验、或凭智慧都能应对，但更多的时候往往显得较为被动，其中课堂预设的僵化是一个重要原因。叶澜先生曾经说过这样的话："课堂应是向未知方向挺进的旅程，随时都有可能发现意外的通道和美丽的图景，而不是一切都必须遵循固定线路而没有激情的行程。"

上课前得知学生已经学过此文时，教师没有为了追求形式的完美而按部就班地完成任务，反而马上调整策略，改变教法，拓宽对历史背景的延伸，加深对文本内容的挖掘……这是真正的"以学定教"。教师的选择折射出其教育信念：做真实的教师，营造真实的课堂。

那么，在教学过程中，教师怎样才能做到"以学定教"呢？

教师必须有生本意识、人本意识。课堂真正的主角是学生。要提高"以学定教"的素养，教师必须树立教学是为学生发展服务的观念。即使是观摩课或者汇报课，也应是教师授课水平的真实展示，而不应仅仅展示预设好的一方面，而把问题掩藏起来。掩藏问题的公开课是表演和作秀，是糊弄人的把戏，不是教学。教师要想真正解决教学中的问题，就应该把公开课当成一种发现问题、集中解决问题的有效方式。公开课其实是一种开放课，是教师互相学习、取长补短的平台，而非"舞台"，应该是"原生态"的，也许不一定很完美，但一定很真实。

传统的公开课教学几乎都是按照教师的预设进行的，追求计划性和完整性，这有利于教师教学任务的顺利完成。然而，这种教学太过平淡，教师和学生容易失去新鲜感，课堂也容易失去生命活力。师生对课堂不再有期待，这样就不会有所创新。而"以生为本、以学定教"的教育理念不仅会为课堂带来生成的精彩，甚至能带来意外的惊喜。

二、根据学情营造认知"落差"

这原本是一节为送教精心准备的公开课，每个环节都经过了深思熟虑，进行了合理设置。但是就在准备上课的时候，学生告诉老师这首诗歌已经学过了，并且已经背得滚瓜烂熟。如果按"读—译—品"的原计划进行，显然没有太大意义。学生也不会对一个为完成任务而生的课堂产生兴趣，那么送教就没有了价值。牛老师认为他必须上好这节课，而不是演好这节课。于是，他急中生智，重新整合了八年级上册《杜甫诗三首》的内容，以《石壕吏》为例，引导学生深入理解杜甫忧国忧民的情思，感受"诗圣"悲天悯人的情怀，探究作者沉郁顿挫风格的形成原因。他大胆地对学生说："同学们，我们就在已学的基础上进行拔高，走近杜甫，了解杜甫……"

1. 根据学情营造认知"落差"——教学目标的设计

叶澜教授认为，一节优质课首先是有意义的课。有意义的课就要有变化，就是要根据学情营造认知"落差"。试想，如果一节课下来学生对文本的理解与课前没有什么不同，没有形成认知上的"落差"，还停留在原先的认知水平上，那么，这节课就毫无意义可言。课堂教学必须讲究效率，而效率往往就是从"落差"上体现出来的。

牛老师最先设计的教学目标是：①朗读课文，于反复诵读中体会诗文的意思；②翻译诗文。③感受本诗表达的思想感情。既然学生已经学过，朗读和翻译没有必要作为重难点。根据具体的学情，他将教学目标调整为：①把握诗歌中的景与情、事与情，学习藏问于答、对比的表现手法，感悟诗歌的意境；②理解作者悲天悯人的情怀；③体会作者沉郁顿挫的创作风格及其形成原因。这样便呈现出一些新鲜的内容，在原有的教学基础上深入挖掘文本，更符合学情，更有意义。

2. 根据学情营造认知"落差"——寻找教学突破口

虽然已经学过，但学生明确告诉牛老师学完这一课已有一周时间了。那么，学过的知识可以进行一个简单的梳理，特别是要想体会"诗圣"杜甫的情怀，更要进行情感的催化。怎样催化？摆在牛老师面前的问题是如何迅速找到一个有效的教学突破口。

对于杜甫的字、号、代表作等知识点，学生们都很熟悉。但对于杜甫诗的风格特点，特别是沉郁顿挫的创作风格，学生们没有说出来。对于杜甫生活的年代标志性的转折点，学生们也说不清楚。于是，牛老师就此展开了进一步的补充讲解，目的就是为了引导学生进一步了解"诗圣"杜甫。但是这还远远不够，要了解杜甫，从《石壕吏》入手，得有感情的熏染。他决定亲自将诗读给学生听。读《石壕吏》，要读到情难自抑、涕泪满襟，才能帮助学生真正懂得"诗史"的含义；读杜甫，要读出悲天悯人、忧患苍生的情怀，才能帮助学生真正感受到"诗圣"的分量！从教以来，还从没有这样忘情地朗读过这首诗歌。牛老师和学生一起走进那个年代，走进杜甫的心灵，感受"圣人"的情怀。他用心读着，几近哽咽。听课的几位教师眼眶也有一点泛红，学生个个沉浸其中，与老师一起感受杜甫的悲抑。这一遍的读定然和初学时的读不一样，又是在背诵的基础之上，此时的"落差"，为感受杜甫悲天悯人的情怀和沉郁顿挫的创作风格，营造了一个很好的氛围。

在语文教学中，根据学情营造认知"落差"，教师需要精心选择"抓手"，并以此为课堂教学的突破口，达到化繁为简、化难为易、化深奥为浅显的艺术效果。一个巧妙的教学抓手就好像一根省力的杠杆，选对了、抓准了、抓牢了，会使文本思路、学生学路、教师教路达到高度的和谐统一，为引导学生自主、合作、探究学习奠定了基础和凭借，从而更能增强课堂教学的实效性。

3. 根据学情营造认知"落差"——挖掘文本，细读文本

有了以上的铺垫，只需要推波助澜就可达成教学目标。牛老师让学生展开想象、扩展文本，如此一来学生就不难体会吏官的凶残和老妇一家的悲苦，也更容易理解藏问于答这个教学难点了。

牛老师顺势问道："杜甫在干什么？为什么不替这家人解围？"学生一愣，似乎从没有考虑过这个问题。这个看似与文本无关的问题，有助于理解杜甫忧国忧民的情怀。心中有对人民的同情，杜甫一定是想管，却无权！在那个时代，杜甫也想让国家再次强大起来，人民有责任去服兵役。所以，本课作者设计老妇人在危难之际勇于担当的品格，有一种肯定的个人感情在内。杜甫想管，可是没资格，更有矛盾感。作者反映的是一个社会的疾苦状况，当时作为逃难的官犯，如果出来救人就会自身难保，而且他虽救得了老妇人一家却救不了整个民族，但他又深深地为这一家人的命运担忧。从种种因由中，体会杜甫悲天悯人的情怀便水到渠成。

挖掘文本，产生认知的"落差"，在积极的对话中使教学深度触及学生情绪，形成教学高潮。

最后，整合杜甫《诗三首》，结合三首诗的创作背景和杜甫的成长经历，以及他写诗时的心境，不难找到一个规律：时代改变了杜甫的诗歌风格。时代的变革、历史的沧桑、不变的抱负节操，造就了杜甫"圣人"的情怀，成就了杜甫沉郁顿挫的创作风格。

准确了解学情，把握学生的认知水平，营造认知"落差"。有"落差"，才有实效；有"落差"，才能更好地激发学生求知的动力；有"落差"，才能让学生感受到自己的进步，增强自信心。有"落差"的语文课堂，才是一个生机勃勃的动态课堂。

质疑中提升资源的价值

学习《五柳先生传》时，学生对"好读书，不求甚解"的读书方式产生了疑问："这种方法可取吗？需要学习吗？"有些学生还将其与现在的考试制度挂钩："如果不求甚解，不在一字一句上下功夫，文言文考试中解释加点的字怎么办？"于是，在质疑声中，学生兵分两派，开始辩论，在辩中不断质疑、不断探讨、不断解决。理越辩越明，话越辩越清，语言表达也越辩越流畅，课堂的有效资源就这样生成了。

就像国内的高才生到美国去念书一样，考试时，教师讲了六点，中国学生绝不会写五点半，然而却得C等；而一些美国学生只答了一两点，却得A等。原因就是这六点都是教师讲过的，是教师的思考；而那一两点，却是学生自己的思考。这正是教师的教学目的：培养学生的质疑探究能力。由此可见，被动的吸收不是学习，只有主动的探究才是学习，才会做出学问。

"思维从疑问和惊奇开始。"学起于思，思源于疑。质疑可以使教学更有的放矢，可以促进学生主动探究，可以激活学生的思维。学生有了质疑问难的方法、习惯，就具备了发挥主体作用的先机。因此，对于学生的质疑，教师的态度应该是提倡、鼓励、引导，使学生从不敢提问到敢于提问、乐于提问、善于提问，以此催发、生成更多的教学契机。

提问是门艺术

发挥学生的主体作用，教师提问的好坏是很重要的一环。曾看到这样一则报道：一个美国教育代表团到上海访问，希望听一节中学的公开课。接待人员在一所很有名的重点中学为他们安排了一节高一物理课。任课教师是一位优秀的特级教师。整个教学过程教学目的明确，教学内容清晰，教学方法灵活，有理论、有实践；教学过程活跃，师生互动，气氛热烈；教师语言准确简练，教学时间安排精当，当教师说"这堂课就上到这里"的时候，下课的铃声正好响起，掌声雷动。可是，美国客人却没有表情。第二天，当接待人员请他们谈谈感想时，他们的回答出乎我们的意料。他们反问："这堂课教师问问题，学生答问题。既然教师的问题学生都能回答，那这堂课还上它干什么？"

美国专家的质疑不得不让我们思考：课堂上什么样的提问才是有效的？教师的水平可分为：平庸的教师——叙述；好的教师——讲解；优秀的教师——示范；伟大的教师——启发。如何启发引导？教师必须精心钻研教材，所提问题在学生的"最近发展区"内，提问过浅，学生无须动脑；过深，学生无从动脑；只有巧问，才能引起学生认知的冲突、情感的波动、求知的欲望，才能让学生在问题的情境中，通过观察、比较、分析、归纳等"跳一跳，摘下桃子"。讲授《云南的歌会》时，在品味其文化内涵时我做了这样的设计："假如你是一名新华社记者，到云南采风，看到了这样三场歌会形式，可报社只要一张图片，并要求配一句解说词。请问各位记者，你会选取哪一幅，又会配上什么话?"学生以记者的身份思考问题,并思考要带给读者什么。不知不觉中,会使他们提高自身的审美意识,从而站在一个更高的角度看问题、想问题。

知识的获得是一个主动的过程。教师只有抓住课堂上生成的有效资源,才能将学生带到另一个五彩的世界,为学生的学习和发展奠定坚实的基础。

提高课堂发问的有效性

在课堂教学中，教师应创设公平民主的教育环境和氛围，鼓励学生大胆质疑，启发学生提出尽可能多的问题，然后集中讨论出有效问题并进行探究。

曾听过一节《荷花淀》的课，教师和学生一起讨论了文章的意境美和语言美后，让学生边听音乐边默读课文并质疑。有学生提出这样的问题："为什么文章中的人物形象，特别是那些妇女形象都没有具体的名字？"我想这并不是教师预设的问题，但这个问题很新颖，是一个教学亮点。于是，教师鼓励学生一起讨论并试着为她们起名字。片刻，有学生说水生嫂应该叫荷花，美丽而高洁；有学生说羞涩的那一位应该叫小芳，美丽又善良；有学生说泼辣的那位应该叫小翠，看来对《边城》印象很深；还有一名学生说那个找借口的应该叫翠花……课堂气氛空前活跃。教师让学生分角色带上名字朗读课文，尽管学生读后笑容满面，但仔细体会后总觉得不是味道。于是，教师进一步启发：这些妇女最后成长为什么人了？学生们恍然大悟，有学生站起来说："就连没有名字、最没有地位、最受压迫、觉悟最低的妇女都行动起来了，抗日战争的胜利还会远吗？"小小的名字，学生却讨论出了深刻的含义。一篇小说成了一篇生动的爱国主义教育文章。

由此可见，只有提高课堂发问的有效性，才会在课堂生成中抓住有利时机，巧妙引导，突破预设，以小见大，深化主题，生成精彩。

提高课堂应变的功效性

　　在课堂上，当学生没有按照常规思路出牌，甚至偏离轨道时，并不是他们在故意找茬。这时，教师不能气急败坏，而是要巧妙应变，化解危机。想起李镇西老师说起的一个案例：

　　一位老师在上《故宫博物院》一课时，问："世界有哪四大宫殿？"一名学生说："故宫。"教师表扬了他。继续问："还有呢？"学生们都说不出来了。这时，一名男生大叫道："子宫！"教室里一片笑声。等学生安静下来后，教师走到男生身边说："其实，你答得真好！因为子宫的确是人类最伟大的宫殿。他让我们肃然起敬，他是胎儿的宫殿，是我们所有人生命的摇篮。因此，它不但伟大，而且神圣……"有关敬畏生命的教育如潺潺溪水般，顺势而下。最后，教师说："当然，这节课我们不研究这个话题，我们把这个问题交给生物老师，好吗？我们还是回到刚才的话题吧！"真是"谈笑间，樯橹灰飞烟灭"，巧妙利用错误资源，且将其价值发挥到最大化，产生非同寻常的功效，这就是课堂应变的教学机智。

提高延迟判断的时效性

　　一方面，学生把疑惑说得再清楚一些，便于所有的学生都能听到；另一方面，教师适当地沉默一会儿，给其他学生一个思考的空间，也为自己恰当地选用引导方式提供思考时间，即心理学中所说的"等待时间"。学生的思考、表达需要一定的时间，等待时间增加了，学生独立思考的习惯、能力、情感等都会有所增强；同时，教师也为教学决策"赢得"了时间。

　　例如，在学习《狼》一文时，我让学生以课本剧的形式表演故事情节。表演之后，一位学生评价说："表演'久之，目似瞑，意暇甚'不到位，应该是时间长了很累的样子，才会'目似瞑'，结果演的人还摇头晃脑，不符合情节要求。"他说完，大家纷纷应和。我未置可否，课堂上出现了短时间的空白、安静、思考、琢磨……

　　突然，一个声音冒出来："不是累了，它是故意的、假装的，是要迷惑猎人（紧张之余，把'屠户'说成了'猎人'）！"

　　这时，课堂一下子沸腾了，大家又纷纷表达了自己的观点。我借机引导："是这样吗？我怎么没看出来？"

　　"在这里，'乃悟前狼假寐，盖以诱敌'。"等待的效果出来了！

　　当然，每位教师都有自身的教学优势，面对这种情况，要敢于"扬长"，但更要敢于"不避短"，善于向一切可以学习的人学习，包括学生。这种机智和能力并非与生俱来，需要教师经过艰苦磨炼和用心领悟才能形成，并不是教师随心所欲的"灵机一动"就能生成的。"厚积才能薄发"，一方面教师必须有全新的教育理念，另一方面教师也必须有厚实的知识底蕴。当学生的思想被激活时，教师才能有捕捉的机会，避免"生成"与自己的教学擦肩而过。

小组合作学习的"4321"

结合自己的教学体验，我认为小组合作学习应该做到"4321"。

第一，四明确。即问题明确、时间明确、分工明确、展示方式明确。

问题明确是前提条件，该问题适不适合合作解决，有无必要合作交流？且合作前必须有学生独立自主的思考时间与实践，目的是激发学生的合作需要，如此才能达到合作需求的最大化。所以，问题设计要符合小组合作学习的需要。

于是，问题设计的含金量出来了。比如，《春》中写了春天的哪些景物？《阿长与〈山海经〉》中写了关于阿长的哪些事？《驿路梨花》里出现了哪些人物？按出场时间顺序说出来。《爱莲说》中作者喜欢莲花的原因？类似这样的问题，没必要合作！因为学生完全可以独立完成，难度系数不大，合作则是浪费时间。

《春》中，作者运用了哪些写作技巧？结合具体语句谈谈。谈谈《阿长与〈山海经〉》中作者的情感变化过程。《驿路梨花》中谁是小茅屋的主人，为什么？《爱莲说》中为何将莲花比作君子？这些问题就有了合作的必要，目的是为了更全面地解读文本。

《阿长与〈山海经〉》中，阿长适合做保姆吗？为什么？这种欲扬先抑的手法效果如何？写《爱莲说》的周敦颐与陶渊明相比，谁的处世方式更能被人欣赏？为什么？这样提问，就有了探究的意义。

　　时间明确是提高效率的前提，不能无限制地等待，更不能流于形式，蜻蜓点水般一点而过。一般来说，合作交流的时间应不少于3分钟。很多教师喜欢随口说："你们讨论讨论、商量商量……"随堂生成，效果不大，时间概念不清，容易让学生养成随意的毛病，而导致严谨的学风泯灭。

　　分工明确是要调动每一个人的参与性、积极性，有了分工，才会有责任。马云说："一个人责任有多大，舞台就有多大！"一旦有了责任，就有了担当；有了担当，才会有更快的成长。这时，组长就很重要。如何分工？主持人、记录员、监督员、小组发言代表、补台人……根据不同的问题，分工不同，角色不同。既有持续性的分工任务，也有临时性的分工任务，这在于组长的迅速抉择与安排，要使每位成员都有话可说，有言可发。持续性分工体现小组学习的常态化、持续化，是种习惯培养。

　　展示方式明确是为了合作交流时有方向性，是为了合作的高效性。按照预定目标准备、分工、交流、前进。展示原则：人人有展示；弱者先说，强者概括。

　　第二，三评价。即谁评价？评价谁？怎么评价？

　　谁评价？教师评价，学生、小组间互评，个人或小组自评。总之，把评价的权利还给学生，学生评价学生才会更加真实，更加敢言，更加敢于质疑，于是才能形成"对打""争执""互辩"……教师一评价那就是"终审判决"，学生再质疑的声音就弱了。

　　评价谁？这是个意识问题，学生往往站起来都会说某某某说得怎样。错！此处评价的不是个体，而是小组，是小组合作的质量。这样的评价才更能唤起学生的合作意识、团队精神，才能凝聚力量。无论对评价者，还是被评价者，都是一样。在评价与被评价的过程中，德育中的团队精神被无形渗透。

　　怎么评价？一是短期评价，即现场或当前几天的评价，关键是评价语言切忌仅为抽象的表扬与批评，避免使用"还行""有感情""读得快""表现不错"……应该越具体越好。例如：在对小组朗读进行评价时，要引导到位：准确，不读错字，不加字少字；流畅，不卡壳，不重复读，不回读，不误读；

有感情，做到了语气语调的抑扬顿挫，体现了轻重缓急，有重读，有节奏……这在于教师的长期引导与坚持，持续时间长了，学生评价就会越来越具体，越来越细化。二是长期评价，即一月或两月一评价，对合作小组的整体评价、捆绑式评价。比如，有对小组成员期中、期末成绩平均分的评价，班主任、任课教师和本组成员对"弱者"进步程度的评价，学生对一段时期内某个小组凝聚力的评价，本小组成员间对助学者的评价等，并且对评价结果最好有激励政策（我尝试用过小组进步最快者优先选座位的方法）。无论是长期还是短期评价，都应以鼓励性评价为主。

第三，两互动。即小组间互动、组际间互动。

小组间互动指小组展示时四人之间有互动、有过渡；每个人展示时与其他学生有互动，或提问、或质疑、或解答、或帮助……形成号召力，这样大家才能都认真聆听。

组际间互动是指小组与小组衔接时的互动对话，不要报幕式交流、割裂式交流。比如，教师可以这样要求：小组展示前必须对前一小组做出评价，或者补充、或者评价、或者提问、或者质疑……之后再介绍自己小组的内容。这样，组际间互动有了，衔接更流畅了，有时还能形成"对打"。

第四，一持续。即小组合作的常态化，必须形成常态与惯性，在持续、系统的训练中，培养学生的合作意识、合作能力、合作方法。从同桌开始，发展成四人最为合适。合作中既有外显的语文能力培养，也有隐含的德育能力培养，而坚持的关键在于教师能否三年一贯，这对教师而言是个考验。至少要坚持一学期，才能看到效果，否则都是形式。

总之，小组合作学习过程要"细"，细化每个环节，细化每个问题，细化每名学生。我想，也只有立身于这样的"细"，才真正能有方式的转变和效果的呈现。

细节决定成败。在课堂上，做每一项任务时都注重细节，那么课堂定能绽放智慧的火花！

课后再设计，将生成转化为再预设

课前精心预设，达到一定的生成效果不难，如果在生成的基础上再预设，获得更多的精彩则是更上一层楼的表现。有了生成，不能就到此结束了。教学是连续的过程，生成以后的再设计更能加强能力训练。在不断的生成再反思的过程中，教师对教学有了自觉的意识，对教学活动进行自我评价的习惯和能力不断提高，对教学过程进行修正和控制的方法和技能也相应提高，从而能更加自如地应对教学过程中的各种问题。

这种反思既是课后备课，又是下一次课前备课的深化和发展。在遗憾中反思、在成功中总结，随时把教学中的一孔之见、一思之得记录下来，把教学中的失误和疏漏记下来，天长日久，教学机智就会在锻炼中得到提高。没有经过反思的经验是狭隘的经验，意识性不够，系统性不强。只有经过反思，原始的经验才能不断地处于被审视、被修正、被强化、被否定的思维加工过程中，才能去粗存精、去伪存真。这样，经验才会得到积淀，内涵才能得到升华，教师的专业技能才能不断提高。

只有教师真正用智慧的课堂去关注生命的体验，沉醉于厚实丰蕴的教育沃土，学生才能用自由的身姿去舒展生命的惬意，徜徉于色彩斑斓的语文天空，从而释放童真，在神思飞扬中真正地拥有自我。

4

第四辑
课堂教学设计案例欣赏

教了27年的书，听了27年的课，其中不乏优秀火花的闪现。教师的踏雪无痕，学生的水到渠成，师生的思维碰撞，意外生成俯拾皆是。这样的课会使师生都身心愉悦，幸福的感觉溢满彼此心间。也常常为听到一个独特别致的构思或环节设计而拍手称赞，暗暗叫好。于是，更深刻地体会到：教师最幸福的地方就是闹哄哄的课堂。本辑就一些精彩的教学片段设计与大家共享。这其中，有他人成果，是我聆听或"窃听"来的；也有自己的尝试，其中不乏意想不到的收获。

于是，一一记载下来，一起来感受一下吧！

《隆中对》"穿越时空，采访诸葛"问题设计

问题设计思路之——妙用"穿越"

采用学生感兴趣的流行话题——"穿越"，进行问题设计。

一位教师讲解《隆中对》时，在理解文章大意、分析课文内容之后，设计了这样的问题："你将以记者的身份采访诸葛亮（由学生扮演），结合文本，请你设计三个采访问题。"

学生思考后，可以自主确定一位"诸葛亮"，对其进行采访。

此刻，我看到了学生丰富的想象力和质疑力。如：

1.为何刘备"三顾"才得见您？

2.曹操既"拥百万之众，此诚不可与争锋"，您为什么不投奔曹操，尽快统一全国，结束民不聊生的日子？

3.现在的中国稳定、富强，但外部环境不容乐观，您认为如何是好？

在"诸葛亮"的回答中，学生发散性思维的火花不断绽放，竟然答出"三顾茅庐以测刘备诚意""诸葛不能与曹志趣相投""诸葛献策实为举荐自己"等答案。学生语出惊人，课外功底纷纷彰显。如此课内外的结合，甚是巧妙！

设计意图：对课文内容进行深入探究，旨在向课外拓展，激发学生兴趣和思维，锻炼学生的综合运用能力；同时迎合情感态度价值观目标，展现个人智慧，在角色体验中立志。

《隆中对》"活学活用，小试身手"作业设计

分层教学体现之——作业设计

一教师讲完《隆中对》之后，再次重申学习重点：一要明确诸葛亮的"隆中对策"是什么，为什么；二要据此认识与评价诸葛亮其人；三要掌握正面描写与侧面描写的写作手法。重点设计由易到难，作业布置当然也要如此。根据学生学习程度不同，教师设计了这样的作业。

作业（选做一题）：

1. 《我眼中的诸葛亮》（200字以上）

2. 用正面描写与侧面描写的手法，描写一位历史人物。（400字以上）

设计意图： "写"是学生学习语文的基本素养之一。新课标对写作提出了"能具体明确地表达自己的意见，运用常见的写作手法"的目标。通过本文的学习，学生已基本掌握诸葛亮这个人物形象，文中用正面描写与侧面描写的手法明显，所以作业布置了以上两题。本着分层施教的原则，让学生选做一题。

第一题较为简单，只要是自己的看法和认识都可以写。当然，认识有深浅之分，表述有高低之分，但只要学生敢于表述，就达到了教学目的。第二题难度相对较大，因为不但要表述与历史人物相关的事件或认识，还要运用规定的写作手法。虽是选做，却无形中已然将学生分层，学生可根据自己的能力进行选择。

类似这种分层作业设计，在教学中应该普遍运用。

《信客》导入教学设计

导入设计思路之——切题游戏

在兰州市教学新秀比赛中，我作为评委有幸听到了很多精彩的片段设计。聆听49中钱慧敏老师讲授《信客》时，不禁为其导入的巧妙设计拍手称赞。内容如下：

同学们，我们先一起做个"口耳相传"的游戏，以四个大组为单位，看看哪一组获胜。游戏规则：老师朝每一组第一位同学悄悄说一句话，这位学生悄悄传给第二位同学，第二位再悄悄传给第三位，以此类推，传至本组最后一位（每组12位左右）。最后一位站起来说出这句话，第一位也说出这句话，看看哪组说得最准确。

结果一对比，内容大相径庭。

教师分析原因，在口耳相传的过程中屡屡出现偏差、耳误。那怎样才能不出现错误、偏差呢？最好的办法就是写下来，这就成了"信"。于是，将人们（板书单人旁）的话（板书"言"字）写下来（板书构成"信"字）就变成了"信"，而从事送信、写信的这类人就是"信客"（补充"客"字，板书完整课题）。

这究竟是怎样一种职业？从事这类职业的人有着怎样的经历？从事这种职业又有着怎样的要求？……就让我们走进余秋雨的散文《信客》，了解他们的人生苦乐吧。

　　设计意图： 以游戏形式导入容易唤起学生兴趣，但是如果忽略了与文本内容的衔接，只是就游戏而游戏，单纯为了活跃气氛设计，就少了像钱慧敏老师这样的巧妙思考。她的独到之处就在于：首先符合文本需要，与文本内容紧密相关；其次引起人的兴趣；最后水到渠成地引出课题与主题。所以，开篇引趣得三方兼顾。

《斑羚飞渡》"争当小小翻译家"教学设计

角色体验之——争当小小翻译家

《斑羚飞渡》是七年级下册中一篇描写动物的文章，一群生性温顺的斑羚，在面临种族灭绝时会做出什么样的选择？作者写出了令人类自愧不如的、让人震惊的一幕。其中，文中多次描写了斑羚的"咩"叫声。在这"咩"叫声里，人类听到了怎样的含义呢？

杜昕蓓老师在教学《斑羚飞渡》中分析斑羚的形象特点时，做了这样的设计：

学生通过阅读，巧妙利用翻译动物语言的方式，揣摩斑羚在面对进退维谷的险境时，发出的"咩"叫声。学生通过自主阅读，相互交流理解之后进行回答。

提示如："一只老斑羚在空中哀咩一声""镰刀头羊抬头悲哀地咩了数声"，看到母斑羚即将踩进深渊时"镰刀头羊'咩——咩'发出吼叫""镰刀头羊悲怆地轻咩了一声""半大斑羚兴奋地咩叫一声"等语句中"咩"的翻译。

这一活动设计，使课堂气氛顿时活跃起来。同时，学生在翻译斑羚语的同时，对于斑羚的形象，尤其是镰刀头羊的形象有了深入的理解，对于动物在种族灭绝危急态势下的选择，学生们肃穆起来，并对人类的行为进行反思。

设计意图：用翻译动物语言的方式激发学生的学习兴趣。同时，巧妙的活动设计能引导学生去寻找并分析相关语句，既培养了学生的理解分析能力，又锻炼了学生的表达能力，为深入理解文本主题埋下了伏笔。

《陋室铭》导入设计

导入设计思路之——"拍卖"

拍卖是将要卖的货物向买主展示，公开叫价竞购，最后把货物卖给出价最高的买主的一种现货交易方式。有教师将这种方式带入了课堂，而且步步深入，拍出高价，究其原因，竟是"物以人为贵"！

铁四中张亚红老师在讲《陋室铭》时，采用了拍卖导入法。

一上课，直接看一张图片，画面内容是一间破旧的房屋，有一张破旧的挂着蚊帐的小床，一张很陈旧的小桌子，一把落满灰尘的凳子，整体看来就像是很多年前一个农家旧房子的内部陈设，破旧简陋。

老师说："如果我现在要拍卖这间房子或者这张床，你的心理承受价位是多少？"

"不要吧！这么破！""十块！""八块！""最多二十吧，买来没用啊！"学生们议论纷纷。

"如果我告诉你这是一张汉朝时的床，你会出价多少？"

"那就是文物了，一百吧！""汉朝时候的，怎么也上千了吧！""一万吧！"看来，学生们还是挺重视文物的。

"那如果我再告诉你，这是汉朝时刘禹锡住过的床，这是他的房屋，他的家，你们觉得价值几何？"

"那得几万吧！""十几万！""几十万！""一百万！"价格一路飙升。

"为什么刘禹锡住过的床就这么贵啊？"在教师的引导下，学生逐步了解作者，了解千古名篇《陋室铭》，带着兴趣走进陋室参观、交流、感悟。

设计意图：发挥名人效应，唤起学生兴趣，同时紧扣文本主题，"斯是陋室，惟吾德馨"。因为主人"德馨"，所以陋室就成了无价之宝。同时隐含着物品不在于其本身价值几何，关键在于为什么人所用的价值倾向，鼓励学生也要成为有价值的人。

《狼》课本剧教学设计

深入文本之——课本剧体验

我讲授文言文时，注重在反复诵读之后，放手让学生结合注释进行翻译，不会的可以问同学，之后再进行质疑和解析。但在讲授《狼》一文时，学生对这种方法似乎有所倦怠，于是，课堂上临时改变了策略。

在反复诵读之后，学生对情节大意已有了解，概括出了"屠户遇狼""屠户惧狼""屠户御狼""屠户杀狼"四部分。为了让学生更好地理解文字内涵，感悟人与狼的特点，我要求学生合作表演四个情节中的任意一个，并提出要求：一个屠户，两只狼，三人为一组，就近结合；表演细节必须到位；屠户和狼要通过对话表现情节；对话表演中要体现出人与狼的性格特点。

学生进行一番激烈的讨论之后，纷纷表演展示；而台下学生时时在纠正"演员"们的错误细节。如演到屠户惧狼，扔了骨头后，两只狼同时停下了脚步，一起啃骨头时，台下纷纷喊道："错啦错啦，'一狼得骨止，一狼仍从'！你们怎么都停下了！"学生结合注释，准确地进行翻译，"演员"们频频点头，接受意见，从中可见他们对翻译细节的理解。

对情节性很强的文章，课本剧的形式值得尝试。

设计意图：用表演的形式掌握翻译的细节，换了一种翻译方式，却唤起了学生的学习兴趣。以对话形式推动情节发展，锻炼学生的语言表达能力和对文本的想象思考能力，帮助他们揣摩屠户与狼的心理，从而更好地理解文章主旨。

《石壕吏》二度创作设计

丰富内涵之——二度创作

二度创作是在原文本基础上，在不改变原文思路、主题、意义的前提下，根据文本中的"蛛丝马迹"或"伏笔"，进行二次加工，使其内容更加丰富，人物形象更加鲜明的做法。

例如，在讲授《石壕吏》时，我发现此文一个重要的写法就是藏问于答：老妇人的话都是一步步被官吏逼问出来的，但是官吏的问话却一句不显，这种精练的笔法是需要学生们用心体会的。于是，我这样设计了问题："老妇之词是被逼出来的，还是自己说出来的？这种写法是什么？请四人小组合作，根据老妇人的回答，发挥想象，补充对白，并以课本剧的方式演示出来。角色分配：两个官吏，一位老妇人，一位旁白，完成情景剧再现。"

通过情境再现，学生不但道出了官吏的问话、训话，更演出了官吏的飞扬跋扈，与老妇的可怜无助和低声下气形成反差。在对比中，学生感受到战争带给百姓的苦难。文本中"老妇"的"致词"虽是一气呵成的，但是从中可以看到衔接不顺畅之处。比如，诉说完了家里再没有男人可冲丁，紧接着说"老妪力虽衰，请从吏夜归"，前后内容没有关联，肯定是官吏提出了必须出人的要求后，老妇才会如此说。那么，官吏会怎么问？学生丰富的想象从中可见。

设计意图：一是体会作者笔法之精练，留白之作用；二是发挥学生想象力，从语言、动作、神态、语气等方面进行二度创作；三是提升小组合作力，学会分工、合作的方法及达成配合的目标。

《云南的歌会》教学设计

我在讲授《云南的歌会》时，在引导学生整体感知并了解了云南民歌的三种形式后，提出问题："假如你是新华社记者，被派驻云南采访，头版头条要放一张照片，并用一句话诠释。请问，你会拍摄一张怎样的照片？配一句什么话？"

设计意图： 开放性的题目，不但可以让学生掌握每种歌唱形式的特点，还要求他们捕捉细节，抓住主旨，抓民歌文化的特点及内涵。

以下是完整的教学设计：

【教学目标】

1. 朗读、揣摩、品味文章语言，感受文章浓郁的乡土气息。

2. 学习人物描写、环境描写和场面描写。

3. 引导学生感受、欣赏民俗文化，激励学生关注生活、思考生活、欣赏生活、热爱生活。

【教学重点】

1. 揣摩课文所写的三种场合中唱歌的不同情景，体会内容和写法上的差异。

2. 领略文中优美的意境，理解体会作者的思想情感。

【教学难点】

揣摩语言，品味文中人物描写和景物描写的精妙。

【教学方法】

1. 情景教学法。

2. 朗读法。这是一篇极富情趣的散文，生活的美好、人生的美好从作者抒情的笔调中汨汨流淌。教师宜引导学生反复朗读，用心品味。

3. 讨论点拨法。

4. 延伸拓展法。

【教学用具】

多媒体。

【课时安排】

一课时。

【教学要点】

朗读课文，积累词语，整体感知文意，把握文中三个唱歌场面的内容与特点，感受文中浓郁的民风民情；深入研读，把握主旨；赏玩品味，揣摩语言，探究文中优美的意境，学习人物描写、景物描写的技巧；延伸拓展，沟通课堂内外。

【教学过程】

1. 导入

以一首对歌引入文本主题：民歌。

在云南一些少数民族聚居的地区，每逢集会或节日，人们聚集在一起，即兴歌唱，互相问答，游戏传情。这种古老的歌会形式，蕴涵着浓郁的民间文化气息。今天，让我们一起走进《云南的歌会》，感受那里的民风民俗。

2. 朗读课文，整体感知

（1）正音：积累语言词汇。

（2）感受文章中三种不同场合的民歌形式，选择一种感兴趣的形式并说出理由。

3. 合作探究，深入研读，把握旨趣

在讨论中引导分析三个场景在内容和写法上的不同特点。

（1）"山野对歌"是才情和智力的大比拼，主要写唱歌人。对演唱者不惜浓墨重彩、工笔描绘，烘托出活泼欢快的场面，描绘出朴素动人的情景。

"山路漫歌"是即兴的自由歌唱，发乎性情，自然成趣。这一场面着力描写唱歌人所处的优美环境，以优美环境映衬唱歌的女孩及其动听的歌声。

"山寨传歌"是一次民歌的大展览。这一场面重在写唱歌的盛况，有全景描绘，有局部刻画，场面宏伟，气势壮观。

（2）在学生的朗读及回答中引导分析文章的语言特点，从而领略其优美的意境。例如：

提问：文章在人物描写上有什么特点？

明确：重写实，以工笔描绘为主，刻画细腻真实，作者的态度隐含在字里行间。这段文字如同一幅人物肖像，写面容、牙齿、衣饰，细致生动，如在眼前。

提问：作者用许多笔墨描写由呈贡进城时一路的景色，写"开满杂花的小山坡""各种山鸟呼朋唤侣"，还有戴胜鸟和云雀的歌唱。这些内容与"赶马女孩子的歌唱"有什么关系？这样写有什么作用？

明确：这一段是"山路漫歌"，写"赶马女孩子的歌唱"是这一段的主要内容。这些写景文字描绘出一幅充满自然情趣的山野风光图，为"赶马女孩子的歌唱"创设了一个动人的场景，山鸟或悠扬或质朴的鸣唱，与"赶马女孩子的歌唱"交相应和，互相辉映，交织成一支动人的山野田园交响曲。

提问："山寨传歌"主要从哪些方面写出了其场面的宏大？这种歌会形式最主要的作用是什么？

明确：人多、时间长、盛装。传承民族文化。

（3）以"作者为什么写云南的歌会"引导小结。

云南的歌会纯朴自然，气势壮观，融自然、社会、人生于一体，散发着泥土的气息，有浓郁的地方色彩。作者借云南的歌会，传达出对自然、对人、对艺术的品味与赞赏，从而抒写出生活的美好和人生的美好。

4. 拓展延伸

以"假如你是新华社记者，被派驻采访云南的歌会，头版头条要放一张照片，并用一句话诠释。请问，你会拍摄一张怎样的照片？配一句什么话？"进行拓展。

5. 课堂小结

这优美的歌声是来自土地最厚重的音响，它已传唱了千百年，已经唱入了中国文化的血脉，成为深深的文化积淀。

6. 作业设计

（1）民间采风：介绍家乡的一种节日风俗，为家乡做一次宣传。

（2）搜集沈从文的其他散文或小说去阅读品味。

（3）学唱一首民歌。

《阿长与〈山海经〉》教学设计

参加兰州市首届语文教师基本技能大赛时，我抽到了《阿长与〈山海经〉》一文，在反复研读的基础上，我决定采用自己正在尝试使用的主问题引领法讲授：即一篇课文只需要设计一个主问题，从而提纲挈领地串起全文。于是，我这样设计了主问题："如果你家现在需要找保姆，你愿不愿意找阿长？为什么？至少说出三点理由。"

设计意图：其实是一线串起所有情节并分了类，在梳理情节中又分析了人物形象，将阿长的功与过尽收眼底。

以下是完整的教学设计：

【教学目标】

1. 理解积累"骇、掳、悚、惶急、疮疤、诘问、渴慕、疏懒、霹雳、孤孀"等词语。

2. 掌握先抑后扬的表现手法以及刻画人物的方法。

3. 把握文中作者情感变化的过程，正确认识阿长这一形象，体会作者对长妈妈的怀念与尊敬之情。

【教学重点】

1. 掌握先抑后扬的表现手法以及刻画人物的方法。

2. 准确把握阿长的性格特点，体会作者"不虚美、不隐恶"这一真实写人的主张。

【授课类型】

讲读课。

【教学方法】

演读法、启发式、合作、探究。

【课时安排】

一课时。

【教学过程】

1. 导入

今天，我们一起学习一篇鲁迅先生的散文——《阿长与〈山海经〉》。鲁迅先生是我们的老朋友了，从他的作品中我们认识了他那体弱多病、爱放风筝的弟弟，在他的故乡我们认识了活泼能干的双喜和憨厚无私的阿发，在三味书屋里我们认识了那个有点迂腐但也很可爱的老先生，在百草园里我们还听了神秘的美女蛇的故事。说起长妈妈，就是这里的阿长，她是鲁迅家的一个女工，作者从未写过他的母亲，却为何多次在文章中写这位"保姆"呢？下面就让我们一起聆听"阿长的故事"。

2. 速读课文，整体感知

（1）理解、积累重点字词。

（2）初步从外貌、身份、细节、性格等方面感知人物形象，为下步分析进行铺垫。

3. 跳读课文，感悟形象，掌握欲扬先抑的写作手法

主问题：假设你要聘请保姆，是否愿意聘请阿长？

先请不愿意的学生说说理由，引导分析"抑"的内容。

因为：

（1）常喜欢切切察察（多嘴多舌）。

（2）限制我的行动（管我太严）。

（3）睡觉成"大"字（行为不雅、不拘小节、愚钝）。

（4）懂得许多规矩和麻烦的礼节（麻烦、迷信）。

（5）讲述长毛的故事（愚昧无知）。

（6）谋害隐鼠（诘问、憎恨）。

这些理由也正是作者不喜欢她的原因，请同学们找出作者对阿长感情变化的词句。板书：（不大佩服、讨厌、不耐烦、憎恨、诘责）

看来有这样一位保姆是挺烦人的，可是为什么有的同学还要请她呢？

再请愿意的同学说说理由，引导分析"扬"的内容：

因为她为"我"买回了《山海经》这本书。我相信家长经常给你们买书，你们拿到书是什么感觉？什么心理？作者拿到书是什么感觉？怎么会有这种感觉？因为"我"根本没想到她会给我买回这本书，一个最不可能的人完成了"我"最大的心愿！我们来看看买书的前因后果。首先看为什么买书，因为"我"太过于念念不忘了。为何念念不忘？因为远方叔祖给"我"描绘得太神奇，太有诱惑力了……

"三哼经"三个字暗示其买书之艰难，正是由于"艰难"才体现出了阿长朴素的爱心，越艰难越能体现爱，"三哼经"这三个字极具信息含量！

由此，"我"对她产生了新的敬意（板书），既然有新的，那肯定就有旧的了，说说幼年的鲁迅在什么时候还对阿长产生过敬意。

如果说这份敬意对于成年的鲁迅来说带有一份调侃的意味，而买回《山海经》后产生的新敬意无论是对幼时鲁迅，还是对成年鲁迅来说，都是发自内心的真诚的敬意。当然，旧的敬意随着时间逐渐淡薄起来，而且在得知她谋害隐鼠后变成了严重的诘责、憎恨；但是买书的敬意一直到现在"我"仍旧感念。因而，文末作者直抒胸臆，抒发了深沉的怀念之情。

　　"不虚美""不隐恶"这一真实写人的主张，把她善良仁慈的美同愚昧落后的丑相掺杂，沙里淘金似的让她闪烁出美的光辉，将阿长这个人物写得更加真实感人。因此本文是写真人实事散文的典范之作。

　　4. 精读课文，品味语言，掌握描写人物手法

　　（1）细节描写，栩栩如生。比如，写长妈妈着重选择了两个生动的细节：一是她在向人低声絮说些什么事的时候，还要竖直第二个手指"在空中上下摇动，或者点着对手或自己的鼻尖"；二是夏天睡觉时，她又伸开两脚两手，在床中间摆成一个"大"字。长妈妈质朴、略带粗野的性格在这些细节中被刻画得栩栩如生。

　　（2）语言描写和动作描写别具特色。比如，元旦时，她教"我"说恭喜的话和吃福橘的情节，通过"伸出……按住……惶急……摇……笑……塞……"这些动作和"恭喜恭喜！大家恭喜！真聪明！恭喜恭喜！"等充满欢欣和热情的语言写出了真诚的祈求，表现了她善良而迷信的一面。

　　（3）心理描写，突出中心。比如，当长妈妈买回了《山海经》后，"我似乎遇着了一个霹雳，全体都震悚起来"这个心理活动写出了"我"的吃惊，正是这种吃惊，引起了另一心理活动——对长妈妈产生了新的敬意，从而揭示了文章的主旨。

　　5. 课堂小结

　　本文诙谐而富有情趣，但又不失深沉庄重。作者怀着诚挚的感情，塑造了一位纯朴善良的农村妇女的形象，抒发了对她的思念。鲁迅先生认为长妈妈与《山海经》是密不可分的，没有长妈妈他就得不到渴望已久的《山海经》，作者对长妈妈的感情随着买回《山海经》而达到高潮。也让我们永远记住这位黄胖而矮、有点粗俗甚至愚昧但淳朴善良、关心疼爱孩子的长妈妈吧！

　　6. 布置作业

　　课外阅读梁实秋的作品《我的一位国文老师》，进一步感悟先抑后扬的写作手法以及"不虚美、不隐恶"的写作主张，并尝试运用这种手法写一个你熟悉的人。

【板书设计】

阿长与《山海经》

鲁迅

不大佩服—不耐烦—空前敬意—敬意消失—新的敬意—深沉怀念

先抑　　　　　　　　　　　　后扬

附：

我的一位国文老师

梁实秋

　　我在十八九岁的时候，遇见一位国文先生，他给我的印象最深，使我受益也最多，我至今不能忘记他。

　　先生姓徐，名锦澄，我们给他取的绰号是"徐老虎"，因为他凶。他的相貌很古怪，他的脑袋的轮廓是有棱有角的，很容易成为漫画的对象。头很尖，秃秃的，亮亮的，脸形却是方方的，扁扁的，有些像《聊斋志异》绘图中的夜叉的模样。他的鼻子眼睛嘴好像是过分的集中在脸上很小的一块区域里。他戴一副墨晶眼镜，银丝小镜框，这两块黑色便成了他脸上最显著的特征。我常给他画漫画，勾一个轮廓，中间点上两块椭圆形的黑块，便惟妙惟肖。他的身材高大，但是两肩总是耸得高高，鼻尖有一些红，像酒糟的，鼻孔里常藏着两桶清水鼻涕，不时吸溜着，说一两句话就要用力吸溜一声，有板有眼有节奏，也有时忘了吸溜，走了板眼，上唇上便亮晶晶的吊出两根玉箸，他用手背一抹。他常穿的是一件灰布长袍，好像是在给谁穿孝，袍子在整洁的阶段时我没有赶得上看见，余生也晚，我看见那袍子的时候即已油渍斑斑。他经常是仰着头，迈着八字步，两眼望青天，嘴撇得瓢儿似的。我很难得看见他笑，如果笑起来，是狞笑，样子更凶。

　　我的学校是很特殊的。上午的课全是用英语讲授，下午的课全是国语讲授。上午的课很严，三日一问，五日一考，不用功便被淘汰，下午的课稀松，成绩与毕业无关。所以，每到下午上国文之类的课程，学生们便不踊跃，课堂上常是稀稀拉拉的不大上座，但教员用拿毛笔的姿势举着铅笔点名的时候，学生却个个都到了，因为一个学生不只答一声到。真到了的学生，一部分是从事午睡，微发鼾声，一部分看小说如《官场现形记》《玉梨魂》之类，一部分写"父母亲大人膝下"式的家书，一部分干脆瞪着大眼发呆，神游八表。有时候逗先生开玩笑。国文先生呢，大部分都是年高有德的，不是榜眼就是探花，再不就是举人。他们授课不过是奉行公事，乐得敷敷衍衍。在这种糟糕的情形之下，徐老先生之所以凶，老是绷着脸，老是开口就骂人，我想大概是由于正当防卫吧。

有一天，先生大概是多喝了两盅，摇摇摆摆地进了课堂。这一堂是作文，他老先生拿起粉笔在黑板上写了两个字，题目尚未写完，当然照例要吸溜一下鼻涕。就在这吸溜之际，一位性急的同学发问了："这题目怎样讲呀？"老先生转过身来，冷笑两声，勃然大怒："题目还没有写完，写完了当然还要讲，没写完你为什么就要问……"滔滔不绝地吼叫起来，大家都为之愕然。这时候，我可按捺不住了。我一向是个上午捣乱下午安分的学生，我觉得现在受了无理的侮辱，我便挺身分辩了几句。这一下我可惹了祸，老先生把他的怒火都泼在我的头上了。他在讲台上来回地踱着，吸溜一下鼻涕，骂我一句，足足骂了我一个钟头，其中警句甚多，我至今还记得这样的一句：

"×××！你是什么东西？我一眼把你望到底！"

这一句颇为同学们所传诵。谁和我有点争论遇到纠缠不清的时候，都会引用这一句"你是什么东西？我把你一眼望到底！"当时我看形势不妙，也就没有再多说，让下课铃结束了先生的怒骂。

但是从这一次起，徐先生算是认识我了。酒醒之后，他给我批改作文特别详尽。批改之不足，还特别当面加以解释。我这一个"一眼望到底"的学生，居然成为一个受益最多的学生了。

徐先生自己选辑教材，有古文，有白话，油印分发给大家。《林琴南致蔡子民书》是他讲得最为眉飞色舞的一篇。此外，如吴敬恒的《上下古今谈》，梁启超的《欧游心影录》，以及张东荪的时事新报社论，他也选了不少。这样新旧兼收的教材，在当时还是很难得的开通的榜样。我对于国文的兴趣因此而提高了不少。徐先生讲国文之前，先要介绍作者，而且介绍得很亲切。例如，他讲张东荪的文字时，便说："张东荪这个人，我倒和他一桌上吃过饭……"这样的话是相当的可以使学生们吃惊的。吃惊的是，我们的国文先生也许不是一个平凡的人吧？否则怎样会能够和张东荪一桌上吃过饭？

　　徐先生介绍作者之后，朗诵全文一遍。这一遍朗诵可很有意思。他打着江北的官腔，咬牙切齿地大声读一遍，不论是古文或白话，一字不苟地吟咏一番，好像是演员在背台词。他把文字里蕴藏着的意义好像都给宣泄出来了。他念得有腔有调，有板有眼，有情感，有气势，有抑扬顿挫，我们听了之后，好像是已经理会到原文的意义的一半了。好文章掷地作金石声，那也许是过分夸张，但必须可以朗朗上口，那却是真的。

　　徐先生之最独到的地方是改作文。普通的批语"清通""尚可""气盛言宜"，他是不用的。他最擅长的是用大墨杠子大勾大抹，一行一行地抹，整页整页的勾；洋洋千余言的文章，经他勾抹之后，所余无几了。我初次经此打击，很灰心，很觉得气短，我搯心挖肝的好容易诌出来的句子，轻轻地被他几杠子就给抹了。但是他郑重地给我解释，他说："你拿了去细细体味，你的原文是软巴巴的，冗长，懈啦光唧的，我给你勾掉了一大半，你再读读看，原来的意思并没有失，但是笔笔都立起来了，虎虎有生气了。"我仔细一揣摩，果然。他的大墨杠子打得是地方，把虚泡囊肿的地方全削去了，剩下的全是筋骨。在这删削之间见出他的工夫。如果我以后写文章还能不多说废话，还能有一点点硬朗挺拔之气，还知道一点"割爱"的道理，就不能不归功于我这位老师的教诲。

　　我离开先生已将近五十年了，未曾与先生一通音讯，不知他云游何处，听说他已早归道山了。同学们偶尔还谈起"徐老虎"，我于回忆他的音容之余，不禁还怀着怅惘敬慕之意。

《黄河颂》教学设计

名师需要为成员亲上现场课，与大家共交流、互促进。为此，我特地选了一节诗歌诵读教学课，因为有成员提出现代诗歌教学不会教，不好把握，关注诵读了，内容知识点讲不完；关注内容讲解了，读得太少了，似乎又违背了诗歌教学的宗旨。在《黄河颂》教学中，我将两者有效整合，以读代讲，以读促讲。

问题设计：诗中三句"啊，黄河！"该用怎样的语气去读？为什么？

设计意图：以此问题将读与讲融合，在读中引出对内容的分析。要歌颂的内容不同，语气自然也不同。先让学生自主阅读、体验、感悟，然后说出阅读基调，他们自然会融合内容，分析基调，诵读到位。

以下是完整的教学设计：

【教学目标】

1. 在反复朗读的基础上，整体感知课文的思想内容，内心有家国意识。
2. 通过揣摩精彩段落和关键词句，学习语言运用的技巧。

【教学重点】

掌握文章的内容结构，理解作者情感。

【教学难点】

如何有感情地朗诵诗歌。

【教学方法】

诵读法、讨论法、提问法。

【课时安排】

一课时。

【教学用具】

多媒体。

【授课类型】

诵读课、自读课。

【教学过程】

1. 激情导入，营造氛围

黄河，每天从我们的身边静静流过，无声无息，却是无数文人墨客笔下永恒的话题。人们歌咏她，因为她古老，孕育了华夏五千年的文明；人们尊重她，因为她厚重，书写了一部中华民族的历史；人们敬畏她，因为她沧桑，与人民一起经历过抗争与苦难。

下面，我们欣赏一首与黄河有关的歌曲。大家用心聆听，听完后用一个词或一句话谈谈自己的感受。

播放《黄河颂》歌曲视频，学生谈感受。

歌名是？词作者？曲作者？创作背景是？

2. 背景介绍，带入情境

1938年，战争的烽火燃遍中华大地，诗人光未然随部队行至大西北黄河岸边，壶口瀑布的滔天巨浪在诗人心中掀起了万丈狂澜。于是，他挥笔写下不朽的诗篇《黄河颂》。人民音乐家冼星海读到后，心潮澎湃。于是，两人合作，一个作词、一个谱曲，连续创作六天，完成了这部史诗性的音乐作品——《黄河大合唱》，随后唱遍大江南北。《黄河大合唱》一共八个乐章，其中《黄河颂》《黄水谣》《保卫黄河》流传最广。今天，我们一起学习第二乐章《黄河颂》。

3. 激情诵读，唤起欲望

从题目上看，关键词是哪一个？作者是从哪些方面赞颂黄河的呢？

（1）疏通字词，掌握节奏，体会情感（即做到准确、流畅、有感情）。

（2）思考作者是从哪些方面赞颂黄河的。

教师配乐范读，将学生带入情境，唤起他们的朗读欲望。若有掌声，即兴采访学生听后感。

小结明确如何做到感情充沛：把握节奏的轻重缓急，语气的抑扬顿挫，关键字词的重读。

4. 文本分析，诵读贯穿

（1）朗诵词分析。用这种方法，自由朗读朗诵词部分，谈谈这一部分的作用是什么，该如何朗读这一部分。

抓关键词、句的重读。

学生齐读，体会作用，希望读到关键词、句时加强语气。

（2）歌词分析。应该以怎样的语气、语调处理这部分的朗读？小组合作讨论完成并展示。

提示：描绘黄河状貌的，抓体现气势的关键词；歌颂黄河精神的，根据内容抓语气语调（即读三处"啊，黄河！"时情感处理是否一样）。

（学生展示，教师引导）

第一小节关键词：望、奔、掀、结、奔、劈等动词，要读出黄河的气势。

比如，"奔"字要读出黄河一往无前、无坚不摧的气势。

第二、三、四小节，在读中明确：

历史贡献：摇篮——养育了中华民族——深情舒缓。

地理特征：屏障——保卫了中华民族——坚定有力。

自然特点：臂膀——恩泽、激励了中华民族——激昂高亢。

①读出黄河的特点。

②自然得出内容结构（形态的描绘、精神的赞美）。

（3）小结：结合本节课的朗读体会与经验，总结一下怎样才能读好诗歌。

理解诗歌内容；投入自己的感情；了解创作背景；读好关键词句（最能体现诗歌内容、抒发感情的词句，就是关键词）。

除此之外，我们还可以采用哪些辅助手段增强朗诵的效果？

布置背景、配乐，加入动作、表情、手势，分角色等。

（4）分角色齐读：朗诵词，教师读；第一小节，男生读；第二小节，女生读；第三小节，男生读；第四小节，全班齐读。

5. 延伸拓展，学会爱国

作者借歌颂黄河而歌颂伟大的民族和民族精神，激励人们要像黄河一样伟大坚强。这种豪情在那个战争的年代唤起不少仁人志士的爱国激情，激励着他们为了革命胜利，为了新中国成立而抛头颅、洒热血，付出青春、付出生命而无怨无悔。而今天，在和平年代的我们该怎么做才是爱国呢？

心中有家、有校才有国，让我们从自我做起，从小事做起，从细节做起，做一个爱国、敬业、诚信、友善的合格公民。

6. 作业布置

回家后给家长大声、有感情地朗诵这首诗，请家长在书上签注听后感言。

课外聆听《黄河大合唱》其他乐章，感受黄河气魄、民族精神。

诵读教学之我见

——《黄河颂》课后反思

今天，在全校教师及工作室成员的见证下，我终于讲完了《黄河颂》。之所以长吁一口气，是因为作为金城名师，作为校长，在课堂教学上要如何引领，一堂优秀的课是最有说服力和见证力的。平时再多的理论宣讲和课堂要求，都不如上一节课更直接。所以，有压力有动力，通过精心准备，我也悟到了诵读教学的一些方法，再次与大家共享。

一、以诵读引领分析

就文本而言，重点要掌握作者的抒情层次及不同情感的层递性。如果单纯地就结构而讲结构，就情感而讲情感，未免干巴巴地游离在了文本之外，形成两张皮，而且讲解也会流于空洞。但是设计成三处"啊，黄河！"读时情感处理是否一样？为什么？就能一线穿起全文，穿起结构和情感两方面内容的融合。有学生回答处理情感不一样，因为第一处是把黄河比作摇篮，是写她对中华民族的养育之恩，是写她的历史贡献，所以要读得深情、舒缓一些，读出如母亲一般的柔情……于是，让这名学生尝试读一读，大家听一听、评一评，则内容、情感、结构水到渠成，在不断诵读的过程中大家自然而然地悟到了三处"啊，黄河！"是明显的分层语言标志。所以，以诵读引领文本分析的理念很重要，在此理念下设计主问题更重要，因为它要一线穿之。

二、以示范引领诵读

《黄河颂》是非常适合朗诵的篇目，既有深情舒缓，又有激昂高亢。学生羞于在大家面前表现，如果没有教师的示范，很难将他们带入情境。所以，教师率先垂范，打破羞怯，敢于大胆表现，让学生听得群情激昂，听得都跃跃欲试，其示范作用才算达到了。这既是一种引入情境的方法，也是一种指导学生诵读的技巧，更是唤起学生诵读欲望的一种手段。这种技巧与手段要比讲半天理论强很多，给学生讲要读出语气的轻重缓急，读出语调的抑扬顿挫，读出重音，把握好节奏、停顿……凡此种种，学生也会说，但就是不会读。因此，教师的示范诵读引领就显得尤为重要。

三、以辅助增强效果

此处是指为增强诵读效果而采取的辅助技巧。比如，在本节课中，我采用了视频辅助法，通过画面及音乐增强诵读效果，画面要和文字内容相符，音乐轻重节奏也要和文本内容相容。读到"你是中华民族的摇篮"时，音乐深情舒缓；读到"你就像一个巨人"时，音乐坚定有力；读到"浊流宛转，结成九曲连环"时，画面是高空俯瞰黄河弯弯曲曲的全貌……这样的情景相融、情乐相共，才有了人、文、情的合一。当然，辅助手段还有加入动作、表情、手势和分角色等，学生都可尝试。

但是，一节课下来，我感受到的最大遗憾是没能更好地发挥小组的集体力量，过分关注了学生个体的表达。当一名学生诵读时，尤其是朗诵基础较好的学生，能将诵读技巧很快掌握，抑扬顿挫、轻重缓急也能把握得很到位。但是四人小组合作或者一大组（10或12人）合作时，该如何分工，如何达成一致，如何在节奏、音乐、音色、画面等方面都和谐统一，却不尽如人意。如何让能力强的学生引领带动能力弱的学生，如何让全体学生均衡发展，是足以令人深思的一个课题。于是，我下一个要研究的课题应该是"如何让小组诵读实现合作效益最大化"吧！当然，用一节课唤起自己这样的反思，还是很有价值的，在这方面，我会继续努力！

《女娲造人》教学设计

为了调动学生的积极性，我上了一堂《女娲造人》的课，特意设计以学生为主体，学生主讲，教师引导、纠偏。

设计意图：本节课最重要的设计就是让学生展示。无论学生展示的效果怎样，重要的是他们敢于走上讲台，面对众多听众，大胆地将想讲的讲出来。学生能讲、会说，只要教师给他们平台，信任他们，制订合适的目标，正确地进行引导。所以，教师需要做的有很多，不能只是一味苛责学生。

以下是完整的教学设计：

【教学目标】

1. 积累掌握"女娲、澄澈、绵延、莽莽榛榛、崛起、兴高采烈、疲倦不堪"等词语。
2. 初步了解神话故事的特点。
3. 感受远古人类丰富多彩的想象，激起学生探求未知领域的欲望。

【教学重点】

1. 理解大胆而新奇想象的作用。
2. 了解神话故事的特点。

【教学难点】

品味对人类诞生的喜悦感的描写。

【教学方法】

速读、对比、讨论、想象。

【课时安排】

一课时。

【教学用具】

多媒体。

【课前准备】

1. 注音并释义

女娲（wā）：传说中造人、补天的神。

澄澈（chéng chè）：清澈透明。

绵延：延续不断。

莽莽榛榛（mǎng mǎng zhēn zhēn）：草木丛生的样子。

神通：原是佛教用语，指无所不能的力量，今指特别高明的本领。

2.熟读课文，熟悉故事情节，并尝试复述课文。

3.查阅资料与工具书，了解作者及神话这一文学体裁。

4.思考课后练习题。

【教学过程】

1. 导入

以"人是从哪儿来的？"话题引入。介绍西方的"上帝造人说"。

上帝在发明天地和万物以后，在第六日造人。上帝依照自身的形象，用地上的尘土造了一个人，往他的鼻孔里吹一口气，人有了灵气，就活了。能说话，能行走，上帝给他取一个名字叫亚当。后来，亚当成了伊甸园的守护神。亚当给伊甸园里的各种飞禽走兽起了名字，它们都听从于亚当。上帝看亚当辛苦，决定为他造一个配偶，以便协助他工作。于是，上帝在亚当睡觉时，抽了亚当的一根肋骨造成一个女人叫夏娃，做了亚当的妻子。从此，亚当和夏娃在伊甸园里过着无忧无虑、和谐美满的生活。

在东方，流传的则是女娲造人说。今天，我们就来学习这篇课文。下面，有请宋杨老师带领大家一起学习这篇课文。

2. 内容来源与背景

这篇课文是根据中国古代神话《风俗通》里的两则短文改编而成的。阅读《风俗通》中有关女娲的两则短文：

（1）俗说天地开辟，未有人民，女娲（传说是人面蛇身，创造了人类）抟（tuán，把某种东西揉成圆形）黄土作人。剧务（工作剧烈繁重），力不暇供（用上所有的力量还来不及供应），乃引（牵、拉）绳于泥中，举以为人。故富贵者，黄土人；贫贱者，引絙（gēng，粗绳索）人也。

译文：民间传说，天地开辟之初，大地上并没有人类，是女娲抟捏黄土造了人。她干得又忙又累，竭尽全力干还赶不上供应。于是，她就拿了绳子投入泥浆中，举起绳子一甩，泥浆洒落在地上，就变成了一个个人。后人说，富贵的人是女娲亲手抟黄土造的，而贫贱的人是女娲用绳沾泥浆，把泥浆洒落在地上变成的。

（2）女娲祷神祠祈而为女媒，因置婚姻。

译文：女娲在神祠里祷告，祈求神任命她做女媒。于是，女娲就安排男女婚配。

3. 整体感知：读读课文，说说区别

（1）疏通字词。

（2）速读课文（每分钟500字），思考课文在这两则故事的基础上所设置的丰富的内容，以及最能体现作者想象力的地方（教师带领学生引导分析）。

课文在原来的基础上增加了：①女娲造人的原因和具体过程；②人造出来之后欢欣喜悦的场面；③女娲像人一样具有心理活动和喜怒哀乐等情绪；④作者的评述。

其中，女娲造人之后欢欣鼓舞的场面，以及对女娲的人性化描写最能体现作者的想象力。

4. 品读赏析：聊聊女娲，谈谈神话

（1）《风俗通》里的文字非常简略，而通过改写、丰富补充之后的课文，则处处洋溢着人类诞生的喜悦感。跳读课文，找出有关词句，说说作者是怎样描写这种喜悦感的（小组交流3分钟，任务分工：一人读、一人品、两人补充，然后展示）。

解题思路：标画出文中以下描写——人落地后开口叫"妈妈"；"妈妈"女娲的心理和神态描写，如女娲"不由得满心欢喜，眉开眼笑""从此，她再也不感到孤独、寂寞了""这些小人儿在她的周围跳跃欢呼，使她精神上有说不出的高兴和安慰"等；女娲给小人命名；许多小人的欢呼跳跃；女娲的辛劳，如"她工作着，工作着，一直工作到晚霞布满天空，星星和月亮射出幽光。夜深了，她只把头枕在山崖上，略睡一睡，第二天，天刚微明，她又赶紧起来继续工作"等。

要点提示：人的诞生给大自然带来无限的生机；人类诞生的同时，也产生了"爱"，发生了人间的温暖。

小结：这就是这篇神话真实感人的地方，女娲造人过程中的心理和神态描写，处处体现着女娲的"人"性特点。女娲之所以要造人，是因为她感到寂寞孤独，造人的愿望自然而真实；采用模仿自己的样子造出人形的方法，是出于水中自己相貌的偶然诱发，极富人类经验；"人"的产生，使女娲得到做"妈妈"的自豪和欣慰；晚霞里，星光下，女娲的忙碌疲倦，正显露出一位妈妈勤劳、智慧、伟大的身影。

所以，她有寂寞孤独、有自豪欣慰、有忙碌疲倦……在细节上，作者赋予了她人的心理、情感和生活体验，处处体现着人性。

但她是神，也有着神的特性。故事中哪些内容体现出女娲的"神"性？

她具有非凡的能力，造人的手段、方法体现了"神"的威力。"神"的非凡能力和神奇方法表现在：一天变化七十次、揉黄泥造人、挥洒泥浆造人……

（2）女娲造人的过程是真的吗？神创造人，是对人类起源的错误解释，为什么还能够世代流传？

远古时代，生产力水平低下，知识贫乏。人们对于一些自然和社会现象，如日月出没、电闪雷鸣、人类自身来源等，不能科学地解释，但是人类又想探求自然万物的起源，于是只好借助于想象来解决问题，通过幼稚的想象把自然力形象化、人格化，并且依照人类的英雄形象，创造了许多动人的神话故事。而这种大胆奇特的想象恰恰就是神话的迷人之处。所以，神话就是远古人类对自然现象和社会生活的一种天真的解释和美丽的向往，常具有浓厚的幻想色彩。因为有奇妙的想象，把自然形象化，进行了艺术加工，描写了人类出现之前地球上的情景，引人遐想。神话表现了远古人类征服自然的理想和信念，所以得以世代流传。

神话具有丰富多彩的想象、奇妙的情节和感人的艺术力量。正如马克思所说，表现了"人类童年时代的天真"，具有"永久的魅力"。这些其实就是神话的主要特点。

我国远古比较著名的神话有：女娲补天、后羿射日、夸父逐日、精卫填海、鲧禹治水、刑天舞干戚、共工怒触不周山等。

文中第一句话"天地开辟以后"，大家想象一下，天地是怎么开辟出来的呢？阅读神话故事《盘古开天辟地》，看看天地的形成和自然万物的产生，再次感受一下人类丰富多彩的想象力以及奇妙的情节。自主完成课外阅读题。

女娲造人之前有盘古开天辟地，女娲造人之后，本想着人类可以幸福地生活下去，但是没想到一场灭顶之灾却突然降临。这到底是一场什么灾难？课后，感兴趣的同学可以看看《中华大讲坛》第一集。

5. 小结

《女娲造人》反映了中国人早期对人类起源的探索。因为有了作者大胆新奇想象的演绎与扩充，女娲造人这个古老的神话传说才充溢着生活气息，焕发出迷人的色彩。但它终究是神话传说。"人，到底是从哪来的？"请同学们注意收集这方面资料，从科学角度进行解释。

6. 作业：课外阅读《女娲补天》

助读材料："女娲补天"神话最早的记载见于西汉时刘安的《淮南子·览冥训》。

"往古之时，四极废，九州裂，天不兼覆，地不周载，火爁（lǎn）焱而不灭，水浩洋而不息，猛兽食颛民，鸷鸟攫老弱。于是，女娲炼五色石以补苍天，断鳌足以立四极，杀黑龙以济冀州，积芦灰以止淫水。苍天补，四极正；淫水涸，冀州平；狡虫死，颛民生。"

【教案设计解读】

1. 研讨课的目的和意义：探讨教学方式的转变，如何将学习的决定权从教师转移给学生。

传统课堂：学习知识在课内，内化知识在课外。

翻转课堂：学习知识在课外，内化知识在课内。

学生课外直接获取知识，完成对知识的学习，教师在课堂上更加关注学生获取知识的效果与能力。课堂上，教师走到学生中间，通过师生互动、生生互动，引导和帮助学生完成对知识的理解与内化。课堂上，展示交流，协作探究，完成作业，延伸拓展。

翻转课堂是指重新调整课堂内外的时间，将学习的决定权从教师转移给学生。在这种教学模式下，学生能够将课堂内的宝贵时间更加专注于主动的基于项目的学习，而教师不再占用课堂的时间讲授信息，而是需要学生在课后完成自主学习。学生可以看视频讲座、听播客、阅读功能增强的电子书，还能在网络上与别的同学讨论，能在任何时候去查阅所需的材料。其目的是为了让学生通过实践获得更真实的学习。翻转课堂模式与其他教学方法在含义上有所重叠，都是为了让学习更加灵活、主动，让学生的参与度更强。

国内曾经有类似的教学方法，但被冠以"高效课堂"的名号。典型的案例包括1998年山东的杜郎口中学所尝试的杜郎口教学模式，与当前的翻转课堂不同，在这些模式中，学生并不使用微视频和在线做题，而使用导学案、课本和习题册。

要实践翻转课堂，教师就要有以下几方面的准备：

第一，要树立教育变革的坚定信念。观念决定行为。有什么样的教育观念，就会有什么样的教育行为。

第二，要有较高的教育信息化素养。

第三，要抓住"翻转课堂"的关键点。比视频更加重要的是如何支配课堂上多出来的这些时间。课堂的对话和讨论，需要教师做精心的准备和细致的观察。"翻转课堂"之所以成功，是因为课堂讨论所带来的学生"吸收内化"学习过程效益的提升。

第四，做好角色转换。首先，教师要从传统的圣人角色转变成导师；其次，学生要更加突出学习的主体性和必要的主动性；家长要在传统的教育思想体系下接受新型学习模式。在此过程中，教师要加强翻转课堂学习的宣传工作。

2.对高效课堂的理解：一节高效课堂的标准是"四有"：有知识、有方法、有生活、有境界。

（1）有知识：知识不是讲得越多就越好，要讲得精准、精练、精彩，讲课不是对知识的简单陈述，更不是讲标准答案。能不断激发学生的兴趣和主动求知的热情，才是好课的重要特征。

（2）有方法：好的课堂能让学生在掌握知识的同时，理解知识的意义与价值，引导学生关注知识在生活中的用途，激发学生用知识来创造和改变世界的欲望和冲动。

（3）有生活：让学生自己悟出方法和思想是教育者更高超的技艺。

（4）有境界：充满正能量的课堂，是赋予了教育者的态度、精神、生命与价值观的课堂，是充满了热情、憧憬、情感激荡和心灵互动的课堂，是将精神和人格引向高尚的课堂。

5

第五辑

思想教育，润物无声

教师，要做"春雨""好雨"，而且是"春夜喜雨"。要做"好雨"，就要"知时节"，就要"当春乃发生"，在学生最需要的时候"发生"，而且要"发生"得悄然细密，润物无声。所以，教师得学会"随风潜入夜，润物细无声"的本领。课堂教学如此，思想教育更是如此！

学生已经听腻了长篇累牍的道理讲座。大道理，讲出来，无效；大道理，做出来，有效；大道理，引出来，高效；大道理，自己悟出来，才是活效，才会发生作用，才会根深蒂固，深入骨髓。思想教育，就是要像春雨，悄然润物，细密无声，学会在教育事件中引导学生自悟，这才是教育的大境界。

播种爱的礼物　收获爱的芬芳

教育是一种艺术，是"一切艺术中最广泛、最复杂、最崇高和最必要的一种艺术"。如何把握好其艺术技巧，我认为要准备好四份礼物：

送给学生一个好习惯

"良好的习惯是人在某种神经系统中存放的道德资本，这资本不断增值，而人在其整个一生中享受着它的利息。"

——［俄国］乌申斯基

在初三（六）班的教室里，我看到这样一副文字："播种习惯，收获行为；播种行为，收获性格；播种性格，收获思想；播种思想，收获命运。"的确，习惯不是一般的行为，而是经过反复练习养成的语言、思维、行为等生活的方式，是人们头脑中建立起来的一系列条件反射。习惯一旦形成，就会变成人的一种需要。而班主任要想在工作中省时、省力，就必须从初一开始重点抓好学生行为习惯的养成。

有心理学专家研究表明，一种行为至少坚持七周以上才有可能形成习惯。因而，新生入学的第一个月就显得尤为重要。这期间必须从行为训练入手，综合多种教育方法，全面提高学生的"知、情、意、行"，最终形成良好的行为习惯。这种良好的习惯，不但能促进学生形成良好的心理素质，而且会使学生终身受益。所以，在一个新的环境里，教师要能坚持七周：坚持七周与学生同时到校，坚持七周按时检查卫生，坚持七周抓一位差生的作业……我相信，学生能坚持下来的时间可就不仅仅是七周了！而且只有抓好了习惯的养成，才能谈到学习、成绩。一个集体如果没有良好的纪律常规做保障，没有良好的卫生常规做前提，没有良好的学习习惯做基础……只一味地强调学习，那就只能是事倍功半。所以，我们绝对不能忽视对各种习惯的养成教育。

送给学生一个微笑

"微笑，它不花费什么，但却创造了许多成果。它丰富了那些接受的人，而又不使给予的人变得贫瘠。它产生在一刹那间，却给人留下永久的记忆。"

—— ［美］卡耐基

教师是学生在校接受教育的第一责任人，其人格魅力是凌驾于工作能力之上的。如何体现人格上的魅力，从而拉近与学生的距离？一个最直接、最有效的途径就是：教师要敢于有微笑的品质。教师用微笑在学生心灵中注入快乐，比割除身上的肿瘤和脓疮还重要。

微笑对于一个人，尤其对于一位教师来说的确是一种"品质"，但这并不是每一位教师都能做得到的。不论是在教室还是办公室，教师更多的是一副冷眼看"世界"的表情，似乎只有如此才能让学生感受到他们的威严。"严"固然不错，但冷面孔并非就是"严"。"严"要有"严"的分寸，尺度把握不好，反而会引起学生的逆反心理。学生有心里话不敢说，有意见不敢提，有想法不敢表达，表面上服服帖帖，内心却有种种不满，而班主任又了解不到这些，从而会导致有些误解越结越深。学生在教师面前展示的不是真实的自我，是出于畏惧加盖的一层伪装。

送给家长一份理解

"如果人们不会相互理解，那么他们怎么能学会默默地互相尊重呢？"

—— ［苏联］高尔基

在多彩的校园生活中，教师接触到的学生也是"多彩的"，如何引导双差生的转化成了最令人头疼的问题。而要完成对他们的思想及行为的转化，光凭借教师的一己之力，显然是不够的。这时，教师唯一有把握抓住的就是家庭教育了。那么如何才能抓住这一环节？仅凭次数频繁的请家长告状、痛陈其劣迹可以吗？学生犯了错，并不意味着家长就要挨罚，家长不是我们批评教育的对象。对于家长，一句肯定的话，一个微笑的眼神，一份发自内心的理解，一次和声细语的畅谈……就会让其感受到教师的重视与关爱，从而拉近彼此的距离，使他们回去后可以付出更多的努力。

有一位学生的学习基础很差，而且屡屡犯错，甚至在厕所抽烟被政教处教师抓住后"押送"到办公室，他经常被教师责骂，甚至家长也被"连坐"。到了初三的最后一学期，这名学生就像变了一个人似的，开始发愤学习，我抓住时机表扬他，从而更增加了他的信心。再次见到他的家长，我也一反过去的"冷若冰霜"，微笑着肯定了学生的进步，虽然只是寥寥数语，但我却看到了家长眼中的闪闪泪花，他不好意思地赶快告辞离去。看着家长离去的背影，不知为什么我的眼睛也湿湿的。这件事对我触动很大，其实双差生的家长，他们的要求很低，有时只需要一句肯定的话。

送给自己一份自信

"有信心的人，可以化渺小为伟大，化平庸为神奇。"

——［爱尔兰］萧伯纳

要正视自己的能力，挖掘自己的潜能，不以消极的心态去对待周围事物，凡事不能先为自己找借口。有一次国庆节学校搞活动，我当时就想随便参与一下就行了，实验班嘛，只要学习成绩能保证，其他都是次要的，因而对此次活动根本就没有重视，等到学校预演检查的时候还在应付。当时的年级组长跟我说了一句话："你要好好准备呢，要不然比赛太差了，不好看。"听完这话，我的心情一下子沉重了许多，班主任没有一个积极竞争的态度，又怎么要求学生呢？每一位教师都有能力把班级带好，关键是以何种态度对待。我们要相信自己，因为"态度决定一切"。

一抹阳光，照亮阴暗的角落；一泓清泉，滋润干涸的土地；一缕春风，吹绿广袤的原野；一种习惯，造就良好的性格；一个微笑，沟通彼此的心灵；一份理解，架起友谊的桥梁；一份自信，扬起前进的动力。让我们以良好的习惯，微笑的品质，真诚的理解，自信的言行，为祖国托起明天的太阳。

让爱在放手中延伸

听完华东师范大学教育学系教授金钟明博士讲解的《名师智慧》，我通过自身经历得出这样的结论：爱源于规范、宽容和赏识。为此，我想起了在公交车上看到的一件小事。

我上班很远，得坐公交车，车很破旧，但人很少，每次坐车都有座位。那天上车，乘客依旧寥寥无几，第二站上来一家三口，两位家长和一个五六岁的孩子。孩子非要站在车厢前方有横杆处，因为那里视线好，能看到正前方大马路。孩子双手紧紧抓住了横杆，爸爸坐在第一排，本可以在孩子的后面随时实施保护，但爸爸强行掰开孩子的小手，非要把他抱在怀里。孩子挣脱，爸爸强拉，几番拉锯，这场斗争最终以强势的"父爱"取得"胜利"而告终，他抱着孩子坐到了第三排。

我知道这就是父爱，是发自内心的、毫无任何做作的情感流露，但我想孩子此时肯定体会不到父爱，也许真的是当局者迷吧！作为一个冷眼旁观者，我真想对这位家长说一声：你就让他站着吧！但我没敢说，说了，父亲肯定认为那不是我的孩子，我不心疼。我要是再讲教育思想和方法，他肯定会认为我脑子有问题。

这也许就是中国家庭的教育现状：爱得太细，不敢放手。这种强势的爱其实是一种伤害。爱是教育的基础，没有爱就没有教育。但要做到爱得科学、爱得合理、爱得智慧、爱得艺术，绝非易事。那么，我们该怎么去"施爱"呢？

　　我认为只有在真正的"放手"中才能培养孩子良好的规范，健康的宽容和赏识能力。家庭教育是这样，学校教育又何尝不是呢？

　　学校组织学生活动时，首先要考虑安全，但如果活动稍有危险因素存在，就不搞了，于是幼儿园的孩子与自由活动拜拜了，小学生与郊游踏青告别了，中学生的参观活动取消了，实践锻炼更别想了，甚至连肢体碰撞性较强的篮球比赛也泡汤了……这就是学校"强势"的爱，没有放手，不敢放手。因为学校担负的责任太大了！如果出一点问题，数之不尽的麻烦便会接踵而至。所以，学校大多会选择放弃。我更深刻地认识到学生各种能力的培养更多的是来自与他人的交往，与社会的碰撞，与大自然的亲密接触。

　　有一次，一位家长去幼儿园接孩子，因为临时有事去得早。一进幼儿园，他看到儿子所在班的小朋友都在一块阴凉底下整齐地坐在小板凳上晒太阳，当时是六月份，天气很热。两个老师在旁边守着。孩子们中胆子大点的，左右说说话；胆子小一点的，就定定地在小板凳上坐着。有的阴凉能挡着，有的就在太阳下晒着。这位家长说他当时一看这情景，鼻子酸酸的，觉得孩子们好可怜。因为他不是老师，所以想不通。他问我："为什么不让孩子们自由活动？孩子可以滑滑梯，跳蹦蹦床，跳绳……"我告诉他，那样很危险，老师担的责任太大。朋友想不通，很矛盾。其实，我们更矛盾。

　　相信孩子们的能力吧，放手让他们自己去组织、策划、主持、总结，即使一次不成功，二次、三次后他们必定会自己从中吸取教训，从而成长、成熟。

　　所以，让爱在放手中延伸吧！

润物细无声

"春蚕到死丝方尽，蜡炬成灰泪始干。"李商隐这原本描写爱情的诗句，现在却被更多用来称赞教师。其实，教师的工作更应该像绵绵的春雨，随着微风悄悄地滋润每名学生的心田。就像春夜喜雨一样："随风潜入夜，润物细无声。"尤其是班主任，要抓住学生的心，就必须做到："恶小而不为，善小而为之。"

一名班主任的人格魅力是无限的，是凌驾于工作能力之上的。用自己的行动去说服学生，胜过一百句空话。所以，我认为班主任的工作都是从小事做起的。班主任要从生活中点滴积累的小事上做起，言传身教，在无声的语言——动作中，潜移默化地影响、感染、熏陶学生。这里略举几例与大家共享。

班主任弯下腰

检查卫生是班主任工作中的一项重要任务。每天来到教室，班主任首先要看一看地扫干净了没有，桌子对齐了没有，讲桌擦干净了没有……如果看到了脚下的一片纸屑，便会"命令"旁边的学生捡起来，并且还要再三强调注意卫生的保持。这并不一定能起到良好的效果，因为会打扰学生看书或写作业。班主任完全可以自己弯下腰把纸片捡起来。在这样一个细微的动作中，学生自然会意识到保持卫生是每一个人的责任，当然也包括班主任。这时，学生不是用眼睛看，而是用心灵感知。每名学生都会在班主任的弯腰之际，油然而生对集体的责任感，这种教育的效果胜过千言万语。班主任不要总希望在学生面前树立高大威严的形象，而要在举手投足之间尽显人格风采。这也是为人师表者的必备素质。

班主任多微笑

教师往往一站到教室门口，面部表情马上晴转多云，甚至阴有小雨。微笑似乎已与教师无缘，甚至更是许多班主任所禁忌的。无论自己在生活、工作中有多快乐，教师在学生面前好像总要面沉似水，想以此让学生感受到威严。

记得曾经有一次，让学生叫杨姗姗到办公室来（在学习上她是最后一名），原本是想要表扬一下她，因为在最近的小测验中她有进步，我想鼓励鼓励她。可等她来到之后，看到她茫然而又似乎受到惊吓的表情，我面无表情地问了几句话，就变了味儿，最后的几句"最近学习上有进步，要继续努力"之类的话似乎倒成了轻描淡写的附带之词。学生走后自己回味一下竟也觉得可笑，怎么本末倒置了呢？学生又不知会做何感想？由此，我意识到自己在以后的工作中不能再一味地"严"字当头。严格要求学生没错，但冷面孔并非就是"严"。班主任既要做"严父"，又要做"慈母"，总是一副拒人于千里之外的威严姿态，怎能让学生走近自己呢？

愿教师不要吝啬笑容，而是要嘴角上扬，使和学生一起生活的每一天都变得灿烂，让学生学会用自己的微笑面对人生，形成乐观向上的品格。

班主任要参与

班主任并不仅仅是班级的管理者，也是班级活动的参与者，更要把自己看作班级的一员，要让学生从心底里接受自己。班级要开元旦联欢会，班主任要放手让学生去做，让他们自己组织、主持，班主任则可以坐到学生的位置上，和学生一起做游戏、表演节目，与学生同跳同唱。当学生交班费的时候，又有几个班主任能做到交班费？当学校要求每个班都要为贫困地区捐献书本、文具的时候，又有几个班主任能想到自己也应像学生一样奉献爱心？当班级大搞卫生的时候，又有几个班主任能和学生热火朝天地一起干？不走进学生的世界、学生的生活圈子，我们教师又怎么能接近他们、了解他们？教师不了解学生的性格、行为、思想，又谈何教育？所以，参与是教育的基础，是教育的前提。

在担任班主任的日子里，这些不经意的举动，让我收到了意想不到的效果，所以写出来与大家分享。写出来既是对自己的勉励，也是与大家进行交流。在以后和学生相处的日子里，相信一定会有更多的乐趣。让我们适时把握这份美丽，共创一片教育的蓝天。

播种习惯　收获命运

聆听了中国青少年研究中心研究员孙云晓老师的《良好习惯缔造健康人格》后，我感触颇多。孙老师生动风趣、案例充足的精彩解读令我获益匪浅。他以良好习惯的养成是儿童教育的核心目标、自我管理习惯好坏决定人生成败、习惯培养的五大步骤这三个板块为内容，清晰地阐述了良好习惯对于缔造学生健康人格的重要作用。

由此我想起了几天前看到的一个小故事：曾经有一位著名的钢琴教师在收学生时，问第一位学生："你原来学过吗？""我什么都不会。""好！你的学费是500元。"第二位学生说："我已经学了一年的钢琴。""好！你的学费是1000元。"家长不明白，问："为什么有基础的学生，却要付双倍的学费？"那位老师很肯定地说："因为我要花双倍的时间来纠正他的不良习惯和错误动作。"的确，习惯不是一般的行为，而是一种定型性行为，它是人们头脑中建立起来的一系列条件反射，具有相对的稳定性，是一种省时、省力的自然动作。

养成教育就是培养学生良好行为习惯的教育。它既包括正确行为的指导，也包括良好习惯的训练，其内容十分广泛，如培养文明礼貌习惯、学习习惯、卫生习惯、语言习惯、思维习惯等。习惯是养成教育的结果，养成良好的习惯是行为的最高层次。严格的养成教育，不仅能够促使学生养成良好的行为习惯，还能促进学生形成良好的心理素质，这些对于学生来讲都将终身受益。那么，该如何通过有效的班级管理对学生进行养成教育呢?

一、规章制度，行为约束

学生能够通过对照规章制度，进行自我认识、自我约束、自我检查、自我反省，甚至在必要时负连带责任。这样会对学生的不良行为起到约束作用。

例如，在我曾带的班级中，有两位学生自控能力特别差，上课时好说好动，却也是积极发言，很聪明，有教师在还能约束住自己的言行，但自习课可就两样了，简直成了"活宝"，说话声音不绝于耳，班长三番五次说教不成。于是，我就专门给了他两个"官"：纪律班长。说起来是个班长，而且专管自习课的纪律。为了便于对他们的管理，我们经过商量又制订了一些自习课的规章制度，于是自习课的纪律难题迎刃而解。不要小看这"官"，权力不大，但对学生是个约束。我们班共67人，大大小小的"官"不下40个，一人绝对不身兼二职，目的就是为了能让他们约束自己。

要根据班情制订班规。随着时间的推移，班规会制订得越来越详细，但切忌半途而废，最起码要坚持一学期。我曾制订班规：语数外作业不交往后坐一天，扣组内5分；其他科目作业不交往后坐三天，扣组内5分；如是班干部违反一律扣10分；小组一周一评，期末进行总评，评出优秀小组和优秀组长，等等。这些班规在制度上、行为上都限制和约束了学生的不良行为，使他们一入校就养成一个好习惯，为他们的发展提供了保障。这种方法也有利于学生之间相互监督和约束，能够填补教师因为无法步步相随而出现的管理真空，对学生的日常行为起到了全方位监控的作用。

二、点滴小事，言传身教

古人曰："一屋不扫，何以扫天下。""勿以善小而不为，勿以恶小而为之。"培养学生良好的行为习惯必须要求学生从小事做起。许多中学生讲《规范》《守则》时头头是道，行动时却随地吐痰、乱扔纸屑、口出脏话。因此，学生的养成教育要想达到"随风潜入夜，润物细无声"的佳境，就需要从点滴做起。千里之行，始于足下。良好的道德素质建立在种种良好的道德习惯之上。可如何培养呢？举个小小的例子：清晨，教师站在校门口值周，学生纷纷主动跟教师打招呼。教师也要及时地、微笑地、注视着学生大声说一句"早""早上好""你好"，让问候声此起彼伏，美好的一天就这样开始了！在校园里，看到地上的垃圾，教师蹲下身将其捡起，投入垃圾桶；在操场上，看到有学生跌倒，教师快走两步，扶起、问候；在校园内外，看到学生着装不整，教师上前帮他整理；听到学生出言不逊，教师马上眼神制止……所有的点滴小事，都可以看到一个人的内在修养。这种教育的效果胜过千言万语，举手投足之间尽显人格风采！

三、活动教育，潜移默化

叶圣陶先生说："习惯在于教师的训练和指导。"作为教师，我们可以分层次、分阶段、多类型地在生动形象的活动中促进学生良好道德品质和行为习惯的养成。在班内，在校内，在各校间每学期都会组织许多不同的活动，如主题班会、运动会、辩论赛、特长展示、文艺会演、器乐大赛、校园歌手大赛等，每一种活动，每一次活动对学生来说都是一次锻炼、一次教育。我常对学生说，结果并不重要，关键在于过程。在过程中，我们体会到了痛苦与喜悦；在活动中，我们经受磨炼；在活动中，我们逐渐成熟；在过程中，我们走向精彩。

四、抓住契机，以小见大

刚入初一时，赵宗斌同学在数学课上顶撞教师，被任课教师状告到我这儿。为此，我认识到必须"小题大做"，这是礼貌习惯的养成问题，不是小事。如果现在意识不到问题的严重性，以后如何控制？因此，我在狠狠地批评了赵宗斌之后，又和他心平气和地谈了心，让他意识到这样做给教师带来的伤害，给班级带来的伤害，说服他在本周班会课上公开做出检讨，以此让全班学生都意识到问题的严重性，意识到不尊重教师的行为带来的后果。在教育教学工作中，我发现通过偶发事件对学生进行适时的疏导教育，以此为契机，以小见大，由偏到全地展开教育，效果会更好。班级之中无小事，任何事件都可以作为教育的切入点，有则改之，无则加勉。

孙老师的讲座引发了我的强烈共鸣，担任班主任的那段日子可谓痛并快乐着，至今仍是我心灵回忆的休憩地。养成教育虽不是教育的全部，但在教育中却占有极其重要的地位，是教育中最"实"的基础部分，抓好养成教育才能使学生表里如一、言行一致。学生犹如一张白纸，我们教师一定要用五彩的画笔为他们描绘出最美的人生。

走向课程化的德育更具魅力

立德树人，德育教育，无刻不有，无处不在。国家把立德树人作为教育的根本任务，十八大报告强调，十八届三中全会进一步强调，在教育部下发的《义务教育学校管理标准（试行）》中，第一个基本理念就是"坚持育人为本，全面发展的办学宗旨，把立德树人作为教育的根本任务，将促进学生健康快乐成长作为学校一切工作的出发点和落脚点"。2014年3月30日，教育部出台的《关于全面深化课程改革，落实立德树人根本任务的意见》中，提出将深化课程改革作为立德树人工作的切入点。因为课程是教育思想、教育目标和教育内容的主要载体，集中体现国家意志和社会主义核心价值观，是学校教育教学活动的基本依据，在人才培养中发挥着核心作用。只有通过进一步深化课改，扫清人才培养的重大体制、机制障碍，才能真正有效落实立德树人的根本任务。国家课程如此，校本课程又何尝不是呢？

当前，重智轻德、重分数轻育人的现象比较普遍，课程改革整体规划、协同推进不够，尚未形成育人合力。加之信息网络、多元文化使得学生的成长环境更为复杂，对学生的健康成长产生很大影响。所以，如何进行系统的德育教育成了当前的难题。往常提德育教育，除了在国家课程教学中体现，更多的是表现在平日里的常规教育，它可以延伸到生活、学习、工作的各个方面，呈散状存在。而今天，2014年10月15日，我在网上看到一则新闻《走向课程化的德育更具魅力》，茅塞顿开，散状化的德育教育必须走向条状化、板块化、系统化、规范化，也就是课程化，才能更具魅力。教师发展学校布置的作业话题：立德树人和校本课程，正是从理论的高度诠释了二者的关系。

成都市棕北中学按照"课程统领、活动育人"思路，将离散的、随机的德育以课程统领，以个人"对自己、对他人、对自然、对集体、对社会、对国家、对世界"的关系为纲，从七个维度确定德育课程目标体系，以"学会各种道德关系处理"系统构建德育课程内容体系，重点打造了五类"德育课程"：一是在行为礼仪课程中养成，开发了《学生成长指南》和《让世界成为我们的教科书》读本；二是在社团活动课程中拓展，组建了40多个学生社团，聘请了100多名家长导师，开发了如《邂逅皮影》等几十门社团课程；三是在主题活动课程中感悟，按月设计主题德育活动，将主题教育固定时间、固定内容，形成惯例；四是在国际理解课程中浸润，开发出《国际理解教育文化礼仪读本》，每周开设一节国际理解教育课程；五是在劳动服务课程中成长，将学生一学期的劳动技术教育课集中在一周，各班轮流承包每天4节课的校园劳动服务任务。

由此我想到，在基础教育阶段，学生的真正发展不只是看课程赋予的知识量和认知技能，还要看学生能否通过学习建构起个体与他人、群体、社会乃至国家的关系，看在课堂、校园、社团中，学生能否通过不同的课程载体，与相应的组织建立关联。在家庭、社区以及更大范围的社会群体中，让他们逐步了解自己的身份，以及各自所具有的权利和责任，从个体扩大到更广泛的社会性的关系。学生只有走出狭小的课堂，才能在更大的环境中充分发挥潜力。

于是，我想到自己的学校，思路恰巧与此吻合。当校长一年，起初只是看到学生每天辛苦地埋头苦读，却找不到学习的乐趣，于是想成立一些社团，让他们每周活动一次，干点他们自己想干的事情，放松一下心情，缓解一下压力。没想到学生的踊跃让学校一下子沸腾起来，甚至有点控制不住。于是，我们经过探讨，有了初步规划：结合学校现有资源、教师资源等确定诸多社团，让学生自由选择，在人数达到允许的前提下开展一学年，观察成效。如果深得学生肯定，就结合一年的活动由指导教师整理成初步的校本读本，之后再实施一年，对活动加以完善。如果依然赢得学生欢迎，就要借助高校和其他研究机构，指导学校根据实际开发成校本教材，让其更科学、更规范。第三年如果实施顺利，就发展为系统的校本课程，按内容体系规划归类，使之成为学生的选修课程，丰富校园课程文化建设，让学生获得各种发展。即由社团活动上升到了最后的校本课程，由校本课程演化为多种类、多选择的选修课程，再回过头来用选修课程指导社团活动。所以，将德育走向课程化是我校课程文化建设的目标之一，并且这个课程建设还得符合《意见》中的"五个统筹"：除了对学段、学科、环节、队伍等领域的统筹外，重点是课堂、校园、社团、家庭、社会五个教育阵地的统筹，这样才能发挥学校的主渠道作用，加强课堂教学、校园文化建设和社团组织活动的密切联系，促进家校合作，广泛利用社会资源，科学设计和安排课内外、校内外活动。而统筹各种力量的关键是对教育本质的内在认同。凝聚各种力量，落实立德树人根本任务，必须在教育价值认同上形成共识，做到同心同德。社会各界对学生负担过重、对应试教育及其带来的日益严重的后果越来越不满，呼吁回归教育本质，促进学生健康成长，已成为多数人的共识。如何才能形成价值认同？需要处理好以下四个关系：一是在处理育人与升学的关系上，学校教育要始终坚持育人第一，升学第二；二是在处理教书与育人的关系上，教师要始终坚持教育价值高于学科价值，要始终坚持整体育人，坚持全人教育；二是在处理学科教研与学科育人的关系上，必须从学科知识传承本位走向学科育人本位；四是在处理学校教育与社会教育的关系上，学校教育离不开社会的理解和支持，必须吸纳社会各界力量走进学校，支持教育。

当学校建立了正确的办学质量观，不再以单一的考试结果衡量教育的成效时；当学校能够融合各类教育资源和平台，给学生提供足够的支持其成长的要素时；当学校开发多样、丰富的课程资源，使其主动与其他方面形成共同体时；当学校结合实际情况，创造性地实施国家课程，艺术化地实施校本课程时……学校、家庭、社区的教育网络就形成了真正的教育合力，就真正落实了立德树人的课程要求，实现了教书育人的本真。

"早恋"的小纸条

课堂上，我一边诵读着课文，一边来回走动着，观察着学生的学习状态。当我悄悄地走到瞿朝阳身旁时，他竟然没有察觉，依然在很认真地写着什么。

突然，他发现了我，慌忙将一张纸条夹在书里。我没有停止朗读，但是伸手拿出了那张纸条，他没有阻拦。这是一个体育特别优秀的帅气男孩，在体育竞技场上，短跑是他的长项，跑起来宛如一阵风，引得女孩子们欢呼尖叫。他学习成绩虽然一般，但在运动场上却是顶尖高手。记得在4×100米接力赛上，他是最后一棒，接到棒时，排名第四，而那一轮总共就四个队参赛，他接上后，就像一阵风，在短短的100米距离内连追两个，要是距离再长一点，肯定就全超了，现场欢呼声、尖叫声、加油声、惊叹声此起彼伏，看得我都热血沸腾，紧张得浑身鸡皮疙瘩都起来了，一个词形容：漂亮。瞿朝阳也由此赢来了小女生们的"围攻"，但他像一个羞涩的大男孩一样，悄无声息地躲到一边去了。

我瞄了一眼纸条，上面写着：你生气了吗？别生气了，我放学在校门口等你……呵呵呵，原来是"情书"，看来闹了点小别扭。我继续读着课文，没有停止，悄悄地把纸条夹在了我的书里。同学们都在认真地听着，只有他的同桌看到我没收了他的纸条，但同桌也只是笑了笑，意味深长地看了他一眼，未声张。

下课了，我只字未提，收拾好书本，径直离开了教室。也许，我已经忘记了这件事，至少给他留下了这样的印象。这是上午最后一节课，该下班了，我推出自行车，要下台阶，刚想抬起自行车，不料自行车后轮已经被抬起来了。

扭头一看，瞿朝阳不知何时已经站在了我身后，正很有眼色地帮我抬自行车，一脸难为情的羞涩，一声不吭。

"哟，我没看见你，谢谢啊！"我笑眯眯地看着他。

他越发不好意思，用手挠着头，结结巴巴地说："老师，能不能把那纸条还给我？"

"哦，你还要吗？好的，下午你来取，我给你！"

他瞟了我一眼，不相信的眼神。

"不过，我想说一句，什么年龄段干什么年龄段的事，果子采得早了，是酸的、涩的，我觉得你这个年龄就儿女情长有点早啊！自己得把控好哦！"

成人般的谈话，没有训斥，因为青春期的朦胧好感是件美好的事，也是以后美好的回忆，我可不想教训得他们逆向发展，轻描淡写的几句话，足以让学生思考自己该如何处理。瞿朝阳的表情没有了先前的不好意思，转而一脸郑重地不断点头，出了校门，跟我道了声再见。我似乎发现小男孩长大了！

做一个健康的人

老师们，同学们：

早上好！

经过一个假期的休整，今天，我们又迎来了新的学期。在这新学期里，我想就"健康"的话题，提出几点希望。

世界卫生组织的章程给健康的定义是："健康不仅为疾病或羸弱之消除，而系体格、精神与社会之完全健康状态。"

第一，我希望大家有一个健康的体魄。俗话说：身体是革命的本钱。有了健康的身体，才会有充沛的精力。所以，我很愿意看到课间时同学们在操场上运动的身影，但同时也希望同学们做好学校安排的运动活动：整齐跑好早操、认真做好课间操、安静做好眼保健操。

一个人，拥有健康的身体固然重要，但拥有健康的心理更重要。否则，健壮的身体毁于一念之差是常有的事。

第二，我希望大家有一个健康的心理。我们无法改变人生，但可以改变人生观；我们无法改变环境，但可以改变心境；我们不能左右天气，但可以改变心情；我们不能改变容貌，但可以展现笑容；我们不会样样顺利，但可以事事尽力！心理健康说到底就是一种人生态度。积极、阳光、向上，待人平和宽容、乐观开朗，提高德性修养，培养良好品质，在生活、工作、学习中少抱怨，少发牢骚，多一份平和，多一份理解，多一份努力，活出美丽的人生。

相信有了这样健康的心理，你就能形成健康的人格。

第三，希望大家拥有健康的人格。屈原追求人格的健康，李白追求文化的健康，鲁迅追求全民族的大"健康"。我们看到坐在轮椅上的霍金，他健康在思想、拼搏，永不言败；我们看到腰缠万贯又朴素平易的李嘉诚，他健康在有钱却不迷恋钱，为公众奉献自己的一颗爱心。我们还看到了很多平常人在别人有难时伸出援助之手……人格是构建人生大厦的支柱，所以让我们努力形成悦纳自我、超越自我的健全人格。

第四，希望我们有一个健康的环境。当然这一点有时不是我们所能左右得了的，但是我们可以从自身做起，养成健康的饮食习惯、卫生习惯，再以一己之力去影响他人，相信只要大家有了这种意识，我们的环境就会健康起来。

综上所述，健康体现在体魄、心理、人格、环境等诸多方面。同时拥有固然极佳，但拥有一种也不失为可喜的状态。它是我们每个人的一种生存方式，只要心里有健康召唤，就不会误入歧途。

最后希望大家用健康的身体去追求健全的心灵、健康的品格、健康的环境。最后祝老师们在新学期工作中身体健康，心情愉快！祝同学们在新学期的学习中百尺竿头，更进一步！

谢谢！

知"五境"，知行合一

老师们、同学们：

早上好！

新学期伊始，开学第一课，我想跟大家谈谈"五境"文化。在校门外宣传板上，有"五境"文化内容，在教学楼内每一层楼梯的拐角处贴有一个jing字。我们要通过"五境"教育形成十六中校园的"五境"文化。我想，当我们每个人都做到了这"五境"的时候，学校文化自然就形成了。

"五境"的内涵很广也很深，如果要用一句浅显的话连起"五境"内容的话，可以这样理解：让我们在干净的环境里，保持一份内心的纯净，在这里安静地读书学习，敬业乐业，竞争向上，成为精品。

"五境"教育的核心是"敬"，作为教师，要敬业；作为学生，也要敬业。业乃一个人的本职。学生的本职就是学习，所以学生的业就是学业，要想学业有成，就要敬业，就要完成自己的本职工作。比如，按时完成作业，勤学善思，学思结合等，认认真真学习，踏踏实实做人。除了敬业，这个"敬"还有敬师爱国、敬畏自然的含义，这里不再延伸。

这个核心有两个前提：净和静。我们要衣着干干净净、大方得体，我们要在窗明几净的环境里学习工作，更要有内心的纯净，干干净净做事，清清白白做人，也就是说我们要有良好的行为修养，做一个有道德、有品质、有品位的人。

只有这样，我们才能有一个安静的环境，静下心来读书、学习，才能宁静致远。作为学生，如果一心想着抽烟、打架、耍酷、逃避，那就是没有静下心来，没有挡住外在的诱惑。学生不要被社会的喧嚣浮躁所影响，要在校园这一方净土中生根、发芽、壮大。

有了这样的核心与前提，才能提到后边的竞与精。我们生活在一个充满竞争的社会中，但是独生子女的优越感和家长的万般宠爱似乎已经让我们丧失了这份竞争意识。在学校里，我们是要友谊第一，但也别忘了还有比赛第二。比赛就是竞争，是竞争就有高低，就有上下。学生被比喻成花朵，是花就要绽放，而且要竞相绽放、竞相成长。在班级、年级、学校组织的各个活动中积极进取，要合作，更要竞争，这样自己才能进步，班级才能进步，学校才能进步，社会也才能进步。

于是，在这样竞相进取、精益求精的过程中，我们个人、班级、学校就成了精品，每个人就都可以实现自己的目标。所以，我们要以"成为精品"为目标，在今天这个人生的新阶段、新开始，实现自我跨越，努力、尽心、求实、向上，只有这样，我们才能满载而归！

谢谢！

做生活的"赢"家

——开学典礼上的讲话

老师们、同学们：

大家好！

首先，我代表学校对本学期新入校的470余名新同学表示热烈的欢迎，对刚才获得表彰的优秀学生表示最衷心的祝贺！

回顾上一学年，我校在全体师生的共同努力下，谱写了学校发展史上浓墨重彩的一笔。今天，站在新的起跑线上，我们要如何迅速起跑，如何把握节奏，如何运筹帷幄，如何终场冲刺，最终成为赛场上的赢者，成为生活的赢者？今天，我就和大家谈谈这个"赢"字，来一个说文解字。

"赢"，看其结构，就包含了赢家必备的五种素质。

第一种素质："亡"，忧患意识。孟子曰："生于忧患，死于安乐。"人要有危机意识，有忧患意识！忧患意识是一种责任，更是一种担当。对于我们而言，最大的忧患莫过于学习，最大的危机莫过于成绩。进入学校，步入课堂，学习就是我们的责任，而且是我们现阶段最大的责任！学什么？不仅仅是学知识，更是学习怎么掌握知识，怎么去运用知识，还要学做人、学健体、学交流。"五境楼"的"五境"就是我们要学习、要做到、要奋斗的目标！为了这个目标，我们就要担负起自己的责任！

第二种素质："口"，交流意识。孔子曰："三人行，必有我师焉，择其善者而从之，其不善者而改之。"在现代社会，沟通与交流已经成为人们的一种必备技能。我们要善于交流，善于交友，悦纳他人，悦纳自我。我们要敞开心扉，学会交流，学会交友。初一新生刚入校，更需要适应环境，结交新朋友，在一个新的环境里，尽快与同学打成一片，人际关系和谐，同学老师和睦，这样，我们就会拥有一片晴朗的天空！

第三种素质："月"，珍惜时间。毛泽东说："一万年太久，只争朝夕。"要赢就需珍惜时间，只争朝夕；也需要时间积累，厚积薄发，而非昙花一现。三年时间，说长不长，说短不短。三年里，种下碌碌无为，收获两手空空；种下艰辛劳作，收获累累硕果。时间是最公正的裁判！只有一起珍惜这不长的三年，一起勤劳付出，三年后，才会结得硕果，才会成为人生的赢家。

第四种素质：健康生活。"贝"最早代表的是货币，是财富。财富有有形的财富，也有无形的财富；有精神的财富，也有物质的财富。今天，我重点要谈的是精神财富。精神财富不会随时间的推移而贬值或遗失，它是存在于一个人内心深处最珍贵的记忆与真谛。一个人的精神世界充盈了，生命才有价值，过程才显珍贵。我们的精神财富是什么？

首先是身心的健康，这是绽放生命光彩的前提，是一种生活的态度；其次是积极的精神态度，要以良好的心态、乐观的精神、阳光般的笑容迎接每一个灿烂的明天；第三是和谐的人际关系，要学会交友，学会合作，学会包容，学会给予，赠人玫瑰，手有余香；第四是坚定的信念，信念是一个人内心花园里的肥沃土壤，这座花园可以生长出人生的所有财富；第五是拥有一颗感恩的心，感恩父母陪伴成长，感恩家庭这个可以依靠的港湾，感恩学校让我们懂得学习与交往，感恩朋友给予的温暖与友谊，感恩社会锻炼我们一步步走向稳重与成熟。

这些，都是我们的"贝"——财富！

第五种素质："凡"，心态平和。范仲淹说："不以物喜，不以己悲。"一个人要做到"荣辱不惊，闲看庭前花开花落；去留无意，漫观天外云卷云舒"，就必须以一颗凡心对待周边的人、事、物。平和的心态可以带给人真正的享受，可以使人成为生活的强者！结果不一定尽如人意，但只要我们努力去争取就会不留遗憾。大雁飞过，天空就留下了痕迹，我们看重的是过程。

　　老师们、同学们，新的学年开启新的希望，新的空白承载新的梦想。1978年建校的十六中，一路走来，历经风雨。过去的成绩曾令我们自豪，但未来的奋斗更令我们振奋。现在的我们，机遇与挑战并存，在挑战中，我们要像海燕一样，优雅、高傲而快乐地飞翔。

　　最后，祝各位老师在新的学年里采撷阳光，身体健康；祝同学们在新的学期里开心学习，茁壮成长！祝我们的十六中年年金秋，硕果飘香！

好书，让灵魂站立

——兰州市第十六中学"亦书亦友，且读且行"读书节活动致辞

各位来宾，老师们，同学们：

大家好！

兰州市第十六中学2015年"亦书亦友，且读且行"读书节活动正式拉开序幕。此次活动，由学校和"纸中城邦"联办。我谨代表学校衷心感谢"纸中城邦"的各位同仁满怀热忱、精挑细选涉及各类知识的图书七百余册，为莘莘学子带来宝贵的精神食粮。

同学们，就"节日"而言，"读书节"似乎不算真正的节日，但"读书节"也许是所有节日中最有意义的节日之一。因为书籍，我们的视野得以拓展；因为书籍，我们的心灵得以细腻；因为书籍，文明的薪火得以传承。"读书节"的价值在于精神的享受和狂欢！

至乐无如读书！为何？一册好书，可以唤醒我们的创造力；一册好书，可以激发我们人格的力量；一册好书，可以支撑起我们孱弱的精神。青春年华，面对好书，麻木不仁，生命因此而沉睡，实在可惜。若走近阅读，天长日久，生命之魂会因此而自由高傲地站立！

读书难吗？不难。天下事，为之，则难者亦易矣！喜欢读书的人，会抓住一切阅读的机会。不论是"读书节""午读"，或是睡前闲适的小读，点滴的

积累终将汇成壮丽的江河，咆哮着奔向生命的大海。

让阅读成为一种生活方式，在负重前行的背囊中放一本好书，任路途迢迢，长夜漫漫，让好书点亮我们的心灵，让好书使灵魂自由高傲地站立……

我们的"午读时光"

看到这样一个故事：

2012年夏天，林志颖带着儿子小小志到法国里昂去旅游，恰好赶上读书节。为了鼓励孩子们多读书，当地最大的市立图书馆开展了一项活动：两周内，谁读书最多，将有一份大礼物送给他。

林志颖和其他家长一样，赶紧给孩子报了名，规定时间一到，小小志和其他很多孩子在市立图书馆工作人员的安排下，领到了要读的书。

小小志十分刻苦，放弃了一切活动，一周后经过市立图书馆工作人员考核，小小志背会了三本书，别的法国孩子一本也没有完成。林志颖看到孩子成绩遥遥领先十分高兴，对孩子频频鼓励，让他再接再厉，抓住剩下的一周时间，争取再创纪录。

这时，市立图书馆的工作人员来了，带着一份要给第一名的礼物，对林志颖说："希望你的孩子放弃这次读书活动，礼物可以先发给你。"林志颖很惊讶地问："还有一周呢，为什么提前给礼物啊？为什么让我的孩子退出？"

工作人员说："因为你的孩子是为了读书而读书，只想争第一，而不理解内容，没有感觉到读书的乐趣。读书不是比赛，没有功利性，他这样疯狂地读，要是得了第一，会给其他孩子不好的榜样。所以，我们提前发给你礼物，他退出了，别的孩子就没有了忧虑感，才会用心去感受读书的快乐。"

林志颖原本有些愤怒，但是听完了工作人员的话，不由得连连点头，最后连礼物也没要，很诚恳地主动让儿子退出了活动。

这件事对林志颖触动很大，他对朋友感慨道："我们教育孩子读书，目的都不纯，规定了目标，好像是为了完成任务。这次法国之行让我明白了，读书就是放松，就是享受，孩子读书仅仅因为读书快乐，就这么简单。"

也许这只是个杜撰的故事，但这碗鸡汤触到了大家的痛点。该文能流传得如此广泛，除了名人效应之外，故事里折射出的功利性阅读之弊，的确值得我们好好反思！

来到十六中，看到学生在阅读上欠缺太多。其实，何止是他们，成年人又有多少坚持阅读的？在眼下这个快节奏的刷屏时代，人们都是抱着手机过日子，短平快的文章刷刷地看，一目十行，心静不下来，根本没有耐心去阅读。为了培养学生的读书习惯，学校制定了半小时的"午读时光"，在班主任的引导下，学生们安静地阅读，读自己想读的书，看自己喜欢看的书，班主任选择恰当时机，让大家交流共享。学校还会在每学期开展一或两次大型读书交流活动，目的是让师生都静下心来，享受阅读，享受阅读带来的愉悦，享受阅读带来的思考，享受阅读带来的思想的碰撞……

教师们从一开始的被动阅读，发展到后来的主动引领阅读。我感受到只有教师阅读了，才能带动学生一起读。一开始，教师都利用这段时间听写单词、默写课文、检查作业、班级训话……他们只看到了眼前的短期利益，如背会了一篇课文，记住了几个单词等。在学校不断地引领与追踪下，教师逐渐意识到阅读的长远利益，他们放下了手中的"权力"，让"午读时光"真正回归到"午读"。这样坚持下，学生在这三年里收获的就不仅仅是积累了阅读的厚度，也拓宽了阅读的广度，更积淀了阅读的深度，最重要的是培养起了阅读的习惯，这将使他们受用终身！他们将不断地积累、沉淀、升华、落地，使阅读最终成长为骨子里的气质。

腹有诗书气自华！

且行且珍惜

——2014届九年级学生毕业典礼致辞

各位同学、各位老师：

早上好！

夏日校园满离情，却盼桃李绽枝头。今天，九年级的全体学生即将毕业，离开自己熟悉的母校、老师、同学。离别令人唏嘘伤感，离别却又是另一种开始，青春的旅途中，没有后悔，只有快意和梦想。

人生短暂，旅途漫漫，总有一些值得珍惜的东西。

且行且珍惜。同学们，在人生的旅途中，中考是一个不大不小的坎儿。初中三年，为了一所的理想高中，我们点灯熬蜡，负重前行，能够坚持到终点的，无论成绩名次，我们都已是自己的神和英雄，请珍惜这份经历与荣誉。离开母校，收拾行囊，请铭记母校的"五境"文化，即干净做人，静心做事，敬物爱人，积极进取，精益求精。

且行且珍惜。同学们，无论走到哪里，不要忘了学校小卖铺香喷喷的饼子夹香肠，不要忘了自己要帅卖萌的课堂内外，不要忘了爱你"恨"你的老师，不要忘了一个战壕里出生入死的兄弟姐妹，更不要忘了你我共同的家——段家滩路1547号。这里，有你我激情燃烧的岁月！同学们，无论世事如何变迁，无论身处天涯海角，母校的师生，在这里等你回家！

　　同学们，在今后的旅途中，希望你们努力尽到"铁肩担道义"这一读书人的责任；希望你们努力追求知行合一，止于至善；希望你们的人生精彩、幸福、快乐；希望你们珍惜拥有，感恩生活与生命。

　　此时此刻，让我们放下所有的顾虑和彷徨，一起为青春加油，为中考壮行，向中考冲刺，让我们一起呐喊：中考，你来吧；中考，我们来了！

　　同学们，祝你们金榜题名，梦想成真。

　　谢谢大家。

铭记心中的"石榴园"

——2016届九年级学生毕业典礼致辞

老师们、同学们：

大家好！

今天，对各位而言，是一个值得铭记的日子，因为三年的初中生涯在今天即将画上一个圆满的句号。回顾这三年，有快乐、有失望、有憧憬、有迷茫、有感动，也有沮丧……三年的时光——一千多个日夜的喜怒哀乐匆匆翻过，但是却给我们留下了那么多生动的细节，那么多精彩的片段。回顾这三年，你们已从稚嫩走向成熟，从无知走向理智，从浅薄走向充实。如今，大家要告别这里，各自踏上新的征程。所以，临别时刻，送给大家三点赠言。

第一，学会感恩。在今天这个特别的时刻，我想大家首先要感谢辛苦培养我们的老师，感谢他们三年来的悉心教导，感谢他们教会我们如何做人、如何求知。当然，我们更要感恩父母、感恩朋友、感恩同学、感恩社会。常怀感恩之心，是一个人最基本的素养体现。学会了感恩，才学会了做人；学会了责任，才学会了担当。

第二，珍爱生命。生命对于我们来说，已经不是一个人的了，这关系到一个家庭乃至几个家庭的幸福，也关系到所在班级、学校的幸福。所以，时刻有安全意识，珍爱生命，是一个人生存的基础和前提，也是一个人的责任与担当。

第三，读读书，走走路。一个人要努力读万卷书行万里路，不要觉得目标太大，每一个大目标都是由一个个小目标累积而成。利用这个假期，多读几本有意义的书，到了高中与人交流，也会腹有诗书气自华，让人另眼相看；出去旅游一下，开阔视野，见见世面，走进社会，了解社会，丰富自己的阅历。

最后，在即将奔赴考场、接受挑战的时刻，大家要树立信心。中考，既是一次知识能力的测试，更是一场心理素质的测试。在激烈的竞争中，取胜的关键在于信心，而信心源于实力与经验，更源于智慧与良好的心态。相信大家一定能发挥出自己的最高水平，向学校、向家长交出一份完美的答卷！

谢谢大家！

维护学生自尊很重要

一天下午，我上班来得很早。因为校门还没开，学生都聚集在校门口等待，或看书，或追逐玩闹，或吃着零食……因为我刚到这所学校不久，大多数学生还不认得我。我走在学生群中，也没收获到问候，但走走看看，挺好，看看他们都在做什么，听听他们都在聊什么。突然一扭头，两名学生居然在大庭广众之下叼着烟，还是一男一女，一手插在裤兜，一手夹着烟，两人还挺亲近，穿的居然是我们的校服……我的火一下子蹿到了嗓子眼，太给学校丢人了，别人会怎么看这个学校？真想发火，可是，不能啊！一则众目睽睽之下，一发火岂不众人皆知，学生自尊没了，适得其反；二则岂不是给学校做了反面宣传？

于是，我悄悄地走近他俩。他们居然在看了我一眼后，继续抽！看来，要么是不认识我，要么就是故意耍大。

"认识我吗？"我问。

一脸茫然，摇头。

"我是学校的老师，周一升旗时我讲过话，不认得？"

"太远了，没看清。"手挪到了背后，看来孺子可教。

"有烟瘾吗？"

看似镇定的小脸上有一丝恐慌，还是摇头。

"那为什么在这儿抽？"

不说话，烟已经被灭掉。

"走吧，跟我来！"

我把他们带到了自己的办公室。

"你们是哪个班的？"

不说话。我想他们是怕我告诉班主任吧！学生其实最怕的是班主任！

"不想说就不说吧！你们能说说我为什么带你们来这里吗？"

"因为抽烟了。"

"大街上抽烟的人多了，我为什么不带他们？"

"我们是学生，不能抽烟。"

"知道为什么还抽？还在校门口抽？"

不说话！

"说说在校门口抽烟的后果，行吗？"

思考片刻后——

"不遵守学校纪律。"

"影响不好。"

"有什么不好的影响？能说具体点吗？"

"别人会认为我们学校很差，学生都不守纪律。"

"对呀！"我激动地说，"你说的这一点太对了！我虽然不知道你叫什么，也不知道你是哪个班的，但是，我知道你是咱们学校的学生，因为你穿着咱们学校的校服，大街上所有过往的人也都知道。所以，你已经不仅代表自己，更代表着整个学校呢。每一名穿校服的学生都是学校的形象代言人。你的一举一动，都关乎着咱们学校的声誉呀！想想你们这样做对吗？"

两人都低下头，不吭声。

"错了吗？"

点头，依旧不吭声。

"那好，我也不问你们姓甚名谁、哪个班，你们俩今晚回去写份感想，明天交给我，怎么样？我要是不在，就从门缝里塞进来。"

点头，转身，回班。

我第二天外出开会，忘了这事。第三天，我来到办公室，赫然看到地下躺着两张纸，捡起来，是两名学生写的"感想"，满满多半页。"感想"还挺深刻，不但从违规违纪方面谈了，也从学校声誉方面谈了，还从身体健康角度谈了，最重要的是谈了自己这样做的思想原因，原本觉得很酷，现在想想，知道自己错了！

我欣慰的是当时控制住了怒火，看似"轻描淡写"的处理中包含着对学生的尊重与理解。后来私下里我也追踪了他俩的表现，班主任反映他们最近变化挺大，挺自觉，不像以前那么惹事了，老师还以为他们是到初三长大了、懂事了。

我什么也没说，心里却乐滋滋的！

我们自己出的书

自2013年9月12日起，我担任了十六中的校长。但是，因为学校严重缺语文老师，于是，开学第二周，2018届8班的课，属于我了！我拿起书本，走上讲台，开始我的"安身立命"之工作，我还是很喜欢站在讲台上的感觉的。

开学伊始，我带领学生做了长远规划。规划之一就是：一学期结束后，出版自己的作文集，作为家长会上给家长的礼物，给自己的学期总结。具体做法：平时写作训练中的优秀作文全部自己打印，上传课代表，学期结束时由你们自己成立出版小组，编辑，成册，出书，奉献给老师、家长、自己！

于是，在日常作文教学中，我对优秀文章进行点评后修改、打印、积累；对周记中好的文章，也面批，提出建议并修改、打印、积累；对每次考试时好的作文同样点评、修改、积累……一学期结束，已经足够出一本书。把作品整理出目录，且进行了归类，更考虑到了要有每一名学生的作品。这样，才能更加鼓励大家凝聚向上，给班级、给学生、给家长一个圆满的交代，更重要的是不丢下任何一名学生。

难能可贵的是，学生自己成立了出版小组。那一节课，讨论的热烈程度出乎我的意料。

"要出书，成立出版小组，得需要哪些部门、哪些成员呢？"

我假装一脸茫然地问道。

"编辑部""校对部""策划部""设计部""栏目组""绘画部"……

　　"绘画？要绘画干什么？"

　　"得设计封面、封底，还有里面的插图，不得要绘画吗？得找一个会画画的人，画的还得和文章内容相符！"

　　天哪！他们小脑袋里装的东西，真不得了！

　　学期末，作文集终于面世了。在家长会上，学生亲自为家长呈上，并进行解说：从策划到积累，从打印到整理，从编排到校对，从绘画到设计……甚至从寻找打印社到讨价还价。我们欣喜地看到了孩子们的成长，不仅仅是写作能力的成长，策划设计、合作凝聚、社会交往等，他们的各方面能力都得到了提升！

　　两个学期，学生策划、编辑、印刷了两本作文集，分别是《成长的脚印，飞起的梦》《蒲公英的翅膀，飞翔的思绪》，书名都是学生们在班里发起征名活动，集思广益而来的。我觉得很有诗意。除了第一本的"序"是我写的，后面的"序"和"后记"是学生分别找班主任、家长代表主写的。第二本印刷的时候，版面设计还大了一些。学生给我的解释是，原来的不够大气！

　　看着学生们信心满满的表情，看着家长们满脸欣喜的表情，我的心沉静而又安定！

"悦读"才能"阅读"

——通过作业设计激发课外阅读兴趣

课外阅读作业布置需要"设计"，妙趣式激辩思维，迁移式写作技巧，悬念式联想阅读，三种设计让学生从"悦读"走向"阅读"，再回归"悦读"原点。

兰州市第二届"爱兰州·爱阅读2018阅读嘉年华"活动开始了！三大行动设计：阅读兰州、品读兰州、悦读兰州，从唤起市民阅读兴趣入手，达到悦读心灵、悦读兰州之目的。我作为一名教师，认为要想唤起学生的阅读兴趣，首先要唤起他们的"悦读"之心，让学生带着愉悦、轻松的心情先去读，读完之后再进行回味、沉思，才会有心灵的愉悦，才会实现从"悦"到"阅"再到"悦"的升华！

如何让学生带着"悦"的心情去"阅"呢？关键在作业设计的引导上。现在，教师们都忽略了作业的"设计"效果，尤其在课外阅读的布置上，若"设计"不好，学生就不会去读。那么，如何"设计"课外阅读作业呢？我们总结出了以下三个设计方案。

一、妙趣式激辩思维

真理愈辩愈清，观点愈辩愈明。教师必须四两拨千斤，唤起学生的激辩思维。例如，学了《从百草园到三味书屋》，教师一般会布置这样的作业：课下请同学们自主阅读《朝花夕拾》。这会让学生们处于被动学习与被动阅读的状态，怎么还会"悦"读呢？但如果这样设计呢？

在《从百草园到三味书屋》里，讲美女蛇故事的长妈妈是鲁迅小时候家里的女工，她经常给鲁迅讲故事，用鲁迅自己的话说："说的阔气点，她是我的保姆。"然而，就是这么一位保姆却多次在鲁迅的文章中出现。值得一提的是，鲁迅从未写过文章纪念他的母亲。但是，在鲁迅46岁，长妈妈离世30年后，他却专门为这位保姆写了一篇文章。长妈妈究竟有什么魅力呢？在她身上发生了哪些故事，让鲁迅无法忘怀，以至于专门写她？课后，请大家自主阅读《朝花夕拾》中的一篇文章《阿长与〈山海经〉》，了解一下这位保姆是一个怎样的人？考虑一个问题：你家要请保姆，你是否愿意请她？为什么？

相信这样一"造势"，学生会对长妈妈产生兴趣，因为阅读量不大，就一篇，学生压力也不会太大，而且是带着问题去读，读完之后心里要有个答案，因为在每周一节的阅读课上还得发言。因这个发言在设计中就已经体现了激辩性，相信在辩论中长妈妈的形象会更加清晰完整。

二、迁移式写作技巧

解读一篇文章后，会让学生学到一些写作技巧，但如何才能将这些技巧用到自己的写作中去呢？这就需要知识的迁移。

以《阿长与〈山海经〉》为例，阿长不是高大全的英雄形象，文章极尽描写了她的陋习、愚昧、落后，层层蓄势后才展现她的善良仁慈，作者"不虚美""不隐恶"，沙里淘金似的让她闪烁出美的光辉。这是一种先抑后扬的写法。学生经常会写到父母、老师、同学、朋友，可是很少这么真实地刻画他们的优缺点。

有一位学生，不但"揭露"了老师的种种"劣迹"，还把老师的外在形象大大地"讽刺"了一番。文中说老师相貌很"古怪"，像《聊斋志异》绘图中的夜叉；说老师的"鼻涕吸溜得有板有眼有节奏"；说老师穿的油渍斑斑的灰布长袍像穿孝……更不可思议的，文中还写了老师骂我"你是什么东西"……

天哪，在今天这可算是有违师德的举动呀，但是，作者却深深地记住了老师。他记住了老师的什么呢？这位老师到底长什么样儿？作者为何对他念念不忘？推荐阅读梁实秋的作品《我的一位国文老师》。阅读课时，引导学生一起谈谈梁先生的国文老师与自己的语文老师。这样一调动，相信学生们不但能够阅读作品，也可以进一步悟到欲扬先抑手法的运用，再布置用欲扬先抑的手法写一个人物必将水到渠成。

三、悬念式联想阅读

即教师给学生讲故事梗概，当然只能讲一半，讲到关键处——预知后事如何，且听下回分解，"下回"就是自己去看书。制造悬念，引发兴趣，对于小说，尤其是长篇、中篇小说，因为篇幅长，学生静不下心来读完，往往只局限于知其大概。这样设计，会让学生去读，但他们往往也只关注情节，而忽略了细节。如何能使他们做到情节、细节都关注呢？

比如，学完海伦·凯勒的《再塑生命》后，因学生对作者儿时的遭遇已略知一二，但是，健康的学生要想完全体会到作者的心理与感受是不可能的。于是，作业可以这样设计：一进家门，蒙上眼睛半小时，这半小时内完成放书包、换衣、换鞋、洗手、吃饭、洗碗等常规动作，且不能和家长说话（因为耳聋听不见任何声音）。思考：假如你一辈子就得这样生活，你会怎样？假如给你三天光明，你会用来干什么？

在实验设计中，很多学生坚持不到10分钟就缴械投降了。有的竟然表示：没法活，会自杀！有的表示：只能当个寄生虫，靠别人生活！当然也有的表示：会学盲文，争取自理。但是海伦·凯勒是怎么活的？她是怎么做到的？她最想看到的又是什么？推荐阅读《我的一生》《假如给我三天光明》。阅读课上，引导学生一起走进海伦·凯勒，谈谈她的三天与我们的三天。

以上三种作业方式都需要精心"设计"，只有"设计"才会让学生"中计"，最终使他们轻松"悦读"，读出灵感，读出思辨。从"悦读"到"阅读"，最终回归"悦读"的原点，真正品书香，悦生活！

小手拉大手，大手牵小手

——"第九届新东方家庭教育高峰论坛"感想

2016年11月5日，我有幸参加了"第九届新东方家庭教育高峰论坛"，作为"中国信息化推进工程家庭教育示范基地"试点校的负责人，我对家庭教育的功能又有了进一步的认识。

本届论坛主题为"改变的时代——父母角色的重新定位"，论坛深度探讨了社会转型对教育的冲击，家庭的培养目标，以及当代家长角色分工等议题，不但让家长对自身角色有了新的认识，也为教师、校长在促进家庭教育、家庭和谐方面提供了思路及做法指导，因为只有家校充分合作才能引领学生拥有无限广阔的精神生活。

家长是孩子的第一任老师，是他们人生路上的启蒙人。孩子就像一块尚未成形的泥巴，家长要努力把他雕刻成一件艺术品，这其中就需要灌注教育。习惯是从小养成的，是从家庭开始的。如果没有从小的灌输，等其长大了再培养，宛如泥巴已有了形状，已越来越坚实，变得难以改变与雕琢了。幼时的教育是会深入骨髓的，会根深蒂固陪伴孩子一生。

学生在幼时、少年时打下的基础，会随着青春期的到来而发生一些转变。所以，在这个关键的过渡期，如何从学校的角度对其加以引导就显得尤为重要。青春期，学生不仅会有生理上的变化，更会有心灵上、精神上的变化。这一时期，学生有了自己的主见，"三观"逐渐形成，和家长之间因为完全不同的人生经历，代沟自然产生。为了消除代沟，就要教育，就要沟通。如何沟通与交流，很多家长还固守在传统教育的桎梏中，不讲求方法，不讲究策略，单刀直入，直来直去，结果越教育，隔阂越深，双方走得越远……因此，及时帮助家长学会教育的方法与技巧，是学校义不容辞的责任。

在"小手拉大手"系列活动中，有一些是通过孩子之手带动大人认识的，因为大人的认识有时还不如孩子。比如，学校教育学生遵守交通规则，过马路看红绿灯，但有些大人却做不到；学校教育学生不乱扔垃圾，不随地吐痰，但有些大人却做不到；学校教育学生不骂脏话，但现实中许多大人脏话连连……面对这样的现状，该如何教育大人？"小手拉大手"发挥了功效。立人先立德，育人先育德。育孩子的德，家长首先要有德。教育本身就是一种道德行为规范，家长首先要以身作则，做孩子的榜样，只有自己做到了，孩子才会跟着做。教育不需要幻想，不需要冠冕堂皇，贴近实际的、接地气的行动，孩子才易接受，当然适当的惩戒也有必要。所以小手拉起大手，大手牵着小手，让我们像朋友一样，与孩子聊天。试问：有几个大人能做到呢？我们总是爱把自己放在教育者的高度，总想引领孩子，让他们按照我们的思路、我们的规划去走，而忽视了孩子自身的需求、自身的爱好。

某些家长总想把自己未实现的理想通过孩子去实现，自己未上大学，就非得要孩子圆自己的大学梦。由此可见，提高家长对家庭教育重要性的认识已迫在眉睫！

让我们行动起来，为了自己的孩子，为了学校的学生，宣讲家庭教育，宣讲家长角色再认识，宣讲社会的辅助功效，让每一位家长都认识到家庭教育的重要性。每一位家长动起来，社会的辅助作用就能发挥功效。小手拉大手，用孩子影响成人；大手牵小手，让成人引领孩子。只有家长和孩子一同前行，才会阳光灿烂，春暖花开！

最美的风景在回家的路上

——参加"家校合作的国际经验与本土化实践"学术论坛活动心得

2018年11月6日，我离开风光旖旎的厦门，踏上了回家的路。山东潍坊昌邑市石埠中学校长姜勇说过，人生最美的风景是在回家的路上。我感同身受，虽然厦门空气清新，海风亲吻；虽然三角梅绽放如火，青春四射；虽然海沧区马路宽阔，洁净如家……但是，我的家不在这儿。我的家，有父母、有孩子、有丈夫；我的家，有同事、有朋友、有知己；我的家，有单位、有组织、有人脉……三天的厦门之行，我深刻地感悟到了亲情呵护、家庭温暖、教育先行之重要！

10场讲座，4场交流，2场互动答疑……大家热情似火。高密度的论坛内容让我目不暇接，高深度的论坛理论让我自愧汗颜。"回家的路有多远？"金琰老师的思考让我们深深意识到，在家庭教育的路上，我们还任重道远！三天的密集冲击，我感受颇深。

一、家庭教育专业化道路势在必行

一个人从小所受的家庭教育是无形的，是潜移默化的渗透，是悄无声息的影响，是言传身教的模仿。教育是一项最为复杂的工程，也是最为艰巨的一项事业，我们到底怎样才能做好它？

苏霍姆林斯基说："请记住，远不是你所有的学生都会成为工程师、医生、科学家和艺术家，可是所有的人都要成为父亲和母亲、丈夫或妻子。"假如学校按照重要程度提出一项教育任务的话，那么放在首位的应该是培养人，培养丈夫、妻子、母亲、父亲，而放在第二位的，才是培养未来的工程师或医生。可是，现在的教育却背道而驰，家长、社会关注的首先是分数，是升学率，是考上重点学校的比例，忽略了教育首先要培养人，培养一个合格的人，培养一个合格的公民！而这种培养，在当下却主要落在了家庭教育之中。因为在青少年的成长过程中，家庭教育所承担的功能更多，而学校的功能只是知识的提升和学历的认定等。

家庭教育应该怎么做？如何获得专业化的指导？陈宝生部长在相关讲话中提到家庭教育要统一管理，要立法等，相信在未来，家庭教育一定会更规范、更科学。作为一名教育工作者，我能做的就是家校合力，共育成长。凭借教育专长，在能力范围之内，引导、指导、沟通家长与家庭，以专业的团队建设指导家长、教师如何做好家校衔接。家校合作，理论先行，在专家的理论指导下，结合自己的工作实践，用科学的方法，使家校共育之路更加平稳、专业。家校共育只有在科学化、专业化之路上才能走得更远。正如中国政法大学皮艺军教授所说，家校共育必须掌握五原则：利益最大化原则、特殊保护原则、严而不厉原则、规则至上原则、参与性原则。这就是一种科学，一种专业。家校共育的实际做法很多，但是缺乏理论的提炼，今日一听，如醍醐灌顶，这才明白自己所掌握的教育边缘领域知识太少，而要学习的东西太多了。如果学不好，不好学，就会迷失"回家"的路。

正如文晓莉教授所说，没有亲子依恋就无所谓孩子的成长，必须要建立安全型依恋孩子才会健康成长，而安全型依恋的建立基础又与母亲敏感的呵护与照顾分不开。一个"面无表情的实验"让我们看到研究结果：在生命前三年，幼儿的大部分精神、情绪、行为障碍几乎都跟他们与看护人之间的关系障碍有联系。安全的亲子依附关系可以减弱环境，甚至生物的风险因子对婴儿造成的负面影响。只有懂得了这些专业的理论知识，我们才能更好地施行教育。所以，家庭教育不只是从小学开始，从幼儿园开始，从怀孕开始，而应该时刻在孩子身上渗透。比如，从初中开始就逐渐对学生渗透这些理论，他们既可以回家后渗透给家长，也可以为自己的将来做铺垫。这也应该是我们学校教育的一部分，是专业化体现的一部分。

二、让家校之爱在放手中延伸

没有分离就没有独立，没有独立就没有成长。没有哪一位家长能对自己的孩子"狠"下心来，尤其是独生子女一代，国家的计划生育政策使得家长不敢放、放不开，因为只有一个孩子，失败了全盘皆输，失去了便无人养老送终，特殊的国情决定了我们现在的教育现状。然而，在放手的"度"上，我认为还是可把控的，抛开绝对的宠溺与绝对的放手，我们可以走中间一条可行之路。就像龙应台所言："我慢慢地、慢慢地了解到，所谓父女母子一场，只不过意味着，你和他的缘分就是今生今世不断地在目送他的背影渐行渐远。你站在小路的这一端，看着他逐渐消失在小路转弯的地方，而且，他用背影默默告诉你：不必追。有些事，只能一个人做。有些关，只能一个人过。有些路啊，只能一个人走。"所以，我想说，让爱在放手中延伸。

家校合作，共育学子，只有专业了，放手了，我们"回家"的路也就近了，"回家"的风景也就更美了！"回家"的路有多远，掌握在我们自己手中！

6

第六辑

点滴思考，印象汇聚

27年的教育生涯，我读过一些书，有些想法；走过一些地方，有些看法；与人交流也引发了一些思考。无论是自主阅读的书，还是外界要求的书；无论是自己想去的地方，还是因为命令要去的地方；无论是主动与人交流，还是他人与我沟通……都或多或少地唤起我的思考，积累下一些感想，收获一些启发。

当然，有主动，也有被动，但是，都是自己的思想！

于是，有了以下的零敲碎打，点滴印象汇聚。

爱需要智慧

——读李镇西《教育，从爱心走向民主》有感

李镇西，四川乐山人，苏州大学教育哲学博士，语文特级教师，成都市武侯实验中学校长。他是学生精神家园的守望者。他使学生的精神家园幸福如水，灿烂如花。

对教师工作来说，没有什么比爱心更重要。"当一个好老师最基本的条件是拥有一颗爱学生的心""爱能够产生教育的奇迹"，这是我读李镇西《爱心与教育》一书后的最大心得。陶行知先生说："没有爱就没有教育。"最近读了李老师的《教育，从爱心走向民主》，我发现教育仅仅有爱还是远远不够的。如何巧妙地用自己的教育智慧将爱落到实处，才是我们真正需要学习的。李老师用他做了20多年班主任的经历得出这样的结论：抛开了教育智慧而空谈爱，是空洞的，教育不能只有爱心，还得有方法。因为有爱的教育不等于真正的教育，表达这种爱需要智慧。李镇西老师的智慧策略如下：

一、让爱在规范中诞生

李镇西老师认为，教育中真正的爱意味着对学生的成长以至未来一生负责。因此，这种爱必然包含着对学生的严格要求，乃至必要、合理的惩罚。无规矩不成方圆。教育不仅意味着提高人的道德水平和知识能力水平，同时意

着按文明社会与他人交往的准则规范人的行为，即通常所说的"养成教育"。这种"养成教育"带有某种强制性。作为社会人，不遵循起码的公共规则与秩序是很难与人交往的。同时，在一个集体中，一个人违纪必然妨碍其他更多的人学习。为了尊重多数人学习的权利，有时不得不对违纪者施以必要的惩罚。凡是离开了严格要求，迁就和纵容学生的"爱"，绝不是真爱。所以，要帮助学生养成规矩，甚至强行使其养成规矩，以最低22天的坚持让他们养成良好的行为礼仪习惯，规范其言行，令其注意行为、关注细节，养成良好的习惯，从而成就精彩的人生！

二、让爱在民主中升华

在《教育，从爱心走向民主》一书中，李镇西老师旗帜鲜明地提出了"没有爱就没有教育，有了爱也不等于有了教育"的观点，并由此衍生出"寓民主于教育"之中的解决方法，这是对爱心教育的进一步升华，是对"爱心专制"问题采取的有效应对。

在我们的教学活动中，"爱心专制"也是有的。比如，教师不按时下课，虽然是为了多给学生讲点知识，但这种爱却侵犯了学生课间休息的权利。再如，习惯性地指派学习好的学生担任课代表、班干部，由此伤害了大多数学生的积极性和自尊心。可是，我们却并未意识到自己对学生权利的侵犯，相反还认为这是为了树立良好的班风校风。我们在苦恼于学生积极性的丧失，苦恼于没有好学生而"巧妇难为无米之炊"的时候，更多地要反思自己，有没有将民主渗透在教育之中，有没有以爱的名义行使专制的权力。爱心，只有在民主氛围下才能无限放大。

爱不完全等于民主，但民主一定要包含着爱，因为民主就意味着对人性的尊重。有些教师把教育当作职业，甚至是谋生的饭碗，因而对学生并没有真正的爱。但是，作为教师，我们可以不爱学生，但必须尊重学生，这是底线。对学生而言，最爱他的人其实应该是家长而不是教师。可是家长爱孩子却并不等同于就懂得教育。教育的爱必须通过教育的智慧表达出来，决不能把"爱心"

简单化，因为"有爱"不等于"会爱"，而"会爱"才是一种教育智慧。爱是一种情感，是不能被规定和强迫的。因此，不能强迫每一位教师一开始就发自内心地爱每一名学生，爱的建立需要时间。爱是内在情感，尊重则是外在的行为。教师可以不背生病的学生去医院，也可以不给贫困学生以经济资助，但当学生向你问好时，教师应该回礼；当学生走进办公室时，教师应该说声"请坐"。爱人者，人恒爱之；敬人者，人恒敬之。前者是爱心的驱使，后者是师生相处的规范，是对学生人格的一种尊重。

民主的核心就是对人的尊重。爱并不是教育的最高境界，爱必须走向民主，而民主是对公共秩序的尊重。李镇西老师的处世格言："要让人们因为我的存在而感到幸福。"这是一种职业心态。如果我们改变不了职业，那就改变我们的职业心态。把学生看作是最好的礼物，是学生让我们能永远保持一颗年轻的心。

让我们把爱的教育变成一种生活，一种常态的生活，从细节处入手，在实践中锻炼总结、修正提升，在实践中启迪智慧、开拓创新，给每名学生搭建不同的起步平台，与学生一路同行，一起成长，留下一生中最精彩、最美丽的回忆。

接地气的学校管理策略指南

——赵桂霞校长《建设一所新学校》好书推荐

　　理想的学校应该是什么样的？教师幸福的根源在哪里？什么样的课堂才是高效愉悦的课堂？阅读完山东省潍坊市广文中学赵桂霞校长的《建设一所新学校》，我感触良多。赵桂霞校长带领教师以科学的态度进行缜密的研究和分析，在行动中研究，再用研究的成果解决行动中遇到的问题。光看书名，似乎会认为这是写给校长看的，其实不然。建设一所新学校，校长是引领，是航标，但学校发展却不仅仅是校长的事，更需中层及所有教师共同建设，这就需要意识上的一致、理念上的一致。这本书就是学校行动研究的指导书。

　　书中赵桂霞校长的很多做法与我校现在正在实施的活动有异曲同工之处：如构建"自主互助学习型课堂"与我校的"121自主互动高效课堂"模式思路一致；如发展、丰富社团活动，让活动课程个性化，也正是我们下一步的目标。分管教学的副校长和教务处可重点阅读书中第三辑"发现课程"、第四辑"改造课程"，用"有为假期"衔接小升初，用"学前引桥"攻克男生英语学习难关，用"小模块"成就大地理……在课程建设上有很强的可操作性和可借鉴性！德育处、办公室可重点阅读第五辑"创新管理"，像"今日楼层我值班"制度的实施我们也在做，但为什么没有坚持下来呢？欠缺的就是坚持、坚定与坚强。如"成长有约"，怎么约？"制度是'商量'出来的"，怎么"商量"？

"优秀是计算出来的"，怎么计算？凡此种种，都可以为我所用。赵桂霞校长是从潍坊市教科院副院长的位置走到校长岗位上的，她发挥自己的研究特长，把学校的行动拿出来研究。用数据说话，不仅有意义，而且数据背后的信息更值得研究。她被业界誉为"用数据说话的校长"，教师戏称她为"赵数据"。

书中有很多务实、有效、接地气的做法，可操作性很强。所以，我首先给学校班子成员推荐这本书，希望大家看后，各取所需，因地制宜，从书中汲取符合我校工作思路的方式方法，一起努力，众志成城，把十六中建设成一所新学校！

做一个有思想的校长

——读《建设一所新学校》有感

学校老师到北京参加"兰州市名师发展学校"培训，2017年12月29日回来后，很有心地带给我一本书——《建设一所新学校》。学校老师对我的期望、期待由此可见，我也不能辜负老师一片心意，于是静下心来慢慢赏读。

《建设一所新学校》由山东省潍坊市广文中学校长、山东省特级教师赵桂霞编著，由国家督学、北京十一中学校校长李希贵老师作序。李希贵这样评价她："赵桂霞是一个对教育很有感觉的人，她不断追问一些在别人眼中'习以为常'的教育现象，发现背后的问题，并通过一步步的行动研究，推动学校教育趋近科学。"

这本书作者写了8年，它更是"做"出来的。她担任了8年校长之后，将点点滴滴做法、感悟熔铸而成，字字都是心血凝聚。读到三分之一时，我就感受到赵桂霞校长是一个很有思想的人，是一个很有研究能力的人。她曾在基础教育科工作过，为推动潍坊市课程改革赴上海考察，回来后撰写了两万多字的考察报告，并协助相关部门寻求课改机制的突破口；后又调至潍坊市教科院工作，研究能力更是大力拓展，推动实施了"基于问题解决，致力创新共享"的机制。

2006年，她任广文中学校长，她从学生入校报到的一张照片里，发现了他们的需求，进而与教师们一起开发出"入校课程"；又从学生离校时留下的那张被砸坏的桌子上，发现了他们的情感需要，进而与教师们一起研发出"离校课程"；还从入校时男女生英语考试成绩的差异里，发现了差异的根源，进而引导帮助教师们研发了"引桥课程"，最大限度地解决了学生的学习障碍，遏制了两极分化；她又从艺术节上那个被妈妈生生拉下台的男孩的成长中，捕捉到了活动对于学生成长的重要性，最终使"活动课程"个性化……广文中学在课程创新中尊重个体的差异，尊重学生的选择，加深了学生对校园生活的喜爱。于是，早已入住我脑海的"课程文化"逐渐明朗起来。

在推进学校变革的过程中，越来越多的学校把重心放到学校文化建设上，以此作为学校实现内涵发展、整体发展与可持续发展的助推器。很多学校将校园建设、环境布局、一训三风、校歌校徽、学校章程、核心文化理念等内容挖得很全，但实际上，学校在发展过程中所留下的各种遗存都应该是文化，包括精神文化、制度文化、行为文化、物质文化。学校文化就是学校人的思想、人的行为和工作方式及状态的总和。因此，行为文化是核心，但是实现行为文化的载体更大程度上是课程文化，于是要让学生在课程学习当中潜移默化地学到本领、学到方法、学到基本的技能。因为学校的教育功能主要是通过课程实现的，课程文化决定了学校文化的主题，课程文化建设自然也就成为学校文化建设的关键。

学校课程文化建设既是一项系统工程，也是一个循序渐进的过程。在这个过程中，学校内的各教育主体分别承担着不同的任务：校长作为学校发展的领航者，在课程文化建设的过程中承担着引领者的角色；教师作为课程实施的主要责任人，在课程文化建设的过程中承担着实践者的角色；学生则承担着课程文化成果体现者的角色。

在学校课程体系中，有三种基本的课程形态：学科课程、综合课程、实践课程。赵桂霞校长在课程文化建设的开发上，注重有效性、针对性、选择性，着力构建以学生全面发展为目的的实践课程，激发教师研究热情，深入开展校本培训，让全体教师在理论层面和实际操作层面进入实施课程文化的状态。

　　例如，赵桂霞校长用"有为假期"衔接小升初，帮助即将到本校就读的学生规划假期生活，使"无主假期"成为学生从小学到初中的适应期，"热身引桥"课程便由此诞生。以课程的方式帮助小学毕业生做好步入中学的热身，课程目标是引导学生"趁着长假快进步，无主假期变有为"，并设计了寻梦远足、知识梳理、阅读铺垫、实践活动等内容，将"热身引桥"课程具化到"学前引桥""难点引桥""发展引桥"等课程上。例如，英语老师不急于上初中英语课，而是对小学教材中的内容进行梳理，与初中教材内容进行整合，系统讲授，把音标教学作为"学前引桥"的重要组成部分，推行字母、音素、音标三位一体教学法，以解决男生的发音障碍问题。学生在英语"引桥课程"中做到了"见其形、知其音；听其音，知其形"，掌握了词组、句子的读音技巧……数学老师坐不住了，也开始了数学"学前引桥"课程的探索……于是，"学前引桥"课程成了每年初一学生入校时的必修课。

　　看完这本书的第二个深刻印象，就是赵桂霞校长细致到位的行动研究法。例如，她在"教师发展年"中围绕教师发展开始持续的行动研究，调研教师的工作状态、生存状态、身心状态，进行"教师职业幸福感现状及来源研究""教师职业发展心态研究""名师成长轨迹研究"等，发现最有效的行动研究方式就是持续不断地追问。如调研教师的幸福指数时，追问"幸福感的来源有哪些"；当发现幸福感主要源于成就感时，再追问"请写下你有成就感的几次经历，从最重要的开始"，进而追问"你认为学校中哪些人是成功人士呢？请举例说明，并说明理由"，之后再反向追问"从工作角度看，你不幸福的原因有哪些？请从最主要的原因写起"……赵桂霞校长以问卷、数据说话的思考方式，引导学校改进方向，如此细致到位的做法，是我没有做到的，我从中获益匪浅。这才是学校制订发展措施、制订各种制度的前提，是把脉，只有将脉把好了、把准了，制订的策略才能有效、有针对性，也才能得以有效实施、高效收获！

　　本书内容注重实际，有很多操作层面、接地气的案例做法，避免了理论书籍高大上的问题，让我在学校管理的实践层面学到了很多方法。如读完"今日楼层我值班"一节后，我和德育主任茅塞顿开，大受启发，困惑我们一学期的问题终于有了答案。因为我校的楼层值周也安排、也管理，但是总没效果，而赵桂霞校长步步完善的做法则大有可取之处。下学期，我们就打算学以致用。当然，这只是众多做法中的沧海一粟，赵桂霞校长的很多方法、做法、想法，都有借鉴之处，这就需要我们因地制宜、因校制宜，选择性地学习应用，力争在学校所有人的共同努力下，我们也争取"建设一所新学校"。

校长要有"精""气""神"

——对校长角色再认识

何谓校长？

《现代汉语词典》中解释：一所学校里行政、业务方面的最高领导人。

其他看法：

校长是履行学校领导与管理工作职责的专业人员。

校长是一校最高行政长官。

校长是学校的灵魂。

校长是学校质量和效益的关键。

校长就是教师的教师。

一个好校长就是一所好学校。

……

首先，校长是一种责任。我国现在实行的校长负责制，就是明确把一所学校办得成功与否的责任交给了校长。时代要求校长肩负起科教兴国的历史使命，办一流的教育、培养一流的人才。作为学校的掌门人，每一位校长都重任在肩，必须具备强烈的事业心与责任心，树立起为党和人民的教育事业"鞠躬尽瘁、死而后已"的雄心壮志。

所以，校长的责任之一就是把学校管理好，让学校得到整体发展。校长作为学校管理的导演者和学校发展的设计师，责任重大。

校长的责任之二是要让广大教师取得成功。江泽民曾提出：做领导要有"识才的慧眼，用才的气魄，爱才的感情，聚才的方法"。校长要善于搭建和谐亲密的情感舞台和紧张有序的竞争舞台，让教师演好角色，大显身手，全力营造"百花齐放、百家争鸣"的氛围，校长要为教师的成长铺路搭桥、保驾护航，力争让校园"名师荟萃"。

校长的责任之三是要让学生更好地发展，能够赢得未来的竞争。

其次，校长是一种思想。苏霍姆林斯基说过："校长对学校的领导，首先应当是教育思想的领导，然后才是行政的领导。"我思故我在。不要说校长，一名教师，如果没有自己的教学风格，就不可能站稳讲台；如果没有自己的教育思想，就不可能在教育上有所建树。所以，校长是一种思想上的引领。

第三，校长是一种魅力。好校长魅力无穷：一是人格魅力，二是才识魅力。良好的品格和修养是人格魅力的前提。古人云："己欲立而立人。"学者风范、管理艺术是才识魅力之体现。

为建设高素质义务教育学校校长队伍，教育部于2013年3月研究制定了《义务教育学校校长专业标准》，是国家对义务教育学校合格校长专业素质的基本要求。其基本理念有五条：①以德为先；②育人为本（办学宗旨）；③引领发展；④能力为重；⑤终身学习。专业职责（专业要求）有六部分：①规划学校发展（专业理解与认识、专业知识与方法、专业能力与行为）；②营造育人文化；③领导课程教学；④引领教师成长；⑤优化内部管理；⑥调试外部环境。

我理解的"精气神"只是众多要求里的几个点，结合自己的切身体会，与大家做些交流。

精、气、神本是古代哲学中的概念，是指形成宇宙万物的原始物质，含有元素的意思。中医认为精、气、神是人体生命活动的根本。在古代，讲究养生的人都把"精、气、神"称为人身的三宝。如人们常说的："天有三宝，日、月、星；地有三宝，水、火、风；人有三宝，神、气、精。"从中医学上讲，人的生命起源是"精"，维持生命的动力是"气"，而生命的体现就是"神"的活动。

一、人的生命起源是"精"，学校发展的根本——办学思想

校长领导学校首先是教育思想的领导，然后才是行政上的领导。一名优秀的校长必须有先进科学的办学思想，这样才能引领学校的教职工和学生把学校办好。校长要把先进科学的办学指导思想转化为全体教职工的思想和理念。

（1）校长的办学思想必须具有时代性和超前性。每位校长生活在当下，其思想肯定受到时代的影响，很多观点、想法当然是和时代一致的。除此之外，其思想还要有超前性。有人讲，教育是用昨天的知识教今天的学生去面对明天的世界。那么，校长若能看到这个社会、经济发展的趋势，更超前一点，引领一个学校朝着这个发展目标前进，是很重要的。

（2）校长的办学思想应具有稳定性和发展性。一所学校的办学思想，一位校长的办学思想应该是稳定的，不能朝令夕改，因为稳定的办学思想才会给学校带来稳定的发展。只有稳定性还不够，还要有发展性，校长要分清学校的哪些传统是需要继承的，哪些是需要改革的，这样才能使学校的办学思想或者说校长个人的办学思想不带主观性和功利性。

（3）校长的办学思想应具有同一性和多样性。处于同一个时代、同一个学段，学校的性质差不多，很多校长的办学思想必然有很多相通之处，这是符合客观规律的。但是，每一所学校所处的地域不同、历史背景不同，每位校长的个性不同、经历不同，所以校长的办学思想必然具有个性，即校长办学思想的多样性。

（4）校长的办学思想应具有实践性和理论性。校长不是理论研究者，也不是教育系的教授，而是从事办学的实践者，校长的办学思想必然来源于其办学行动。但是仅有实践的经验是不够的，因为实践的经验并不等同于办学思想，校长必须经过理论学习，认真思考，升华自己的一些经验，将观点、思想发展成理论，然后回到教育实践当中去，经过实践的检验。所以，校长的办学思想不但强调实践性，也要强调理论性。

联系实际，谈谈十六中办学思想的历史沿革：

"石榴精神"的提炼经过：2015年7月底，我赴北京国家行政学院参加人民教育出版社报刊社举办的"首期教学研究论文写作高级研修班"。我看到行政学院院中的参天大树，居然以各种各样的果树为主，不禁感慨：不愧是国家行政学院，培养的都是人才，国之栋梁，棵棵结果，不就是象征着人才嘛！在报告厅的两侧居然是两株长势较好的石榴树，火红色的石榴甚是可爱。我触景生情，引发感触，灵光一闪：我的十六中和"石榴"是否有着某种联系？于是，回到兰州后，我开始研究"石榴"，并与大家一起畅谈想法，竟发现十几年前学生创办的校报就叫《石榴籽》，后来不知为何更名了。教师都希望学生个个就像石榴籽一样，充满活力，团结凝聚。看来，我与教师的心声不谋而合，取其谐音还是有一定用意的。

《博物志》中记载："汉张骞出使西域，得涂林安石国榴种以归，故名安石榴。"经丝绸之路引入中原的石榴印证着中国多元文化的融合、包容过程。学校地处东部繁华商圈，介于城乡交接地带，各地商贾汇聚于此，人口稠密、经济发达、市场繁荣、交通便利，在此特殊的地理环境中，学校也面临着相似的多元文化影响。石榴花开灿若烟霞、赤红似火，石榴硕果千房同膜、千子如一，正是活力、包容、凝聚、多元的精神外化。活力、包容、凝聚、多元的石榴精神正是学校师生共同需要和追求的精神，故以此作为学校的核心文化，构建学校文化标识系统。

活力　勤勉自励、奋发向上的创新精神

包容　尊重差异、兼容并包的人文精神

凝聚　凝心聚力、协同合作的团队精神

多元　多元共生、个性发展的和谐精神

鉴于此，原有的办学愿景及理念方面也发生了变化。

【办学愿景】

师生共进，多元发展。

每名学生都能身心和谐发展，重成功更重成长；每位教师都能自由发展，重事业更重幸福。

【办学理念】

人本于心，聚力而行。

"以人为本"的教育本质就是"唤醒心灵、塑造心灵"，关键在于心灵的感动与教化。"人本"即"心本"，人的生长即心灵的生长，唤醒教育者和被教育者的心灵，以此达成教育共识，积极、坚定地走在教育路上，实现我校对于教育的理想与信念。

【校训】

诚勤和毅，知行合一。

诚则正心，勤能立业，和可修身，毅而笃行，"正心、立业、修身、笃行"即是一个完整的教育过程。从思想（正心）到行为（笃行）、从个体（修身）到社会（立业）、从道德层面（内心）到实践层面（行为），是办学理念的具体表现，从"塑造心灵"到"砥砺行为"，由"心"到"行"，心行契合，知行合一，实现师生的和谐发展、多元发展。

【校风】

知书、达礼、健康、进取。

知书，是益智以立学；达礼，是修身以立人。有知识，懂礼貌，显教养，方能知行合一，尽情彰显健康、进取之活力青春。

【教风】

博学、笃志、静心、求实。

"博学而笃志"（《论语·子张》），一个人要把自己培养成学识渊博又志向坚定的人。"博学而志不笃，则大而无成"，教师不但要掌握广博的知识，更重要的是要志向专一，为了志向而凝心聚力，努力奋斗。"非淡泊无以明志，非宁静无以致远"，静心、求实的教育是一种等待，是一种坚守，静心育人，潜心做事，静待灿若烟霞、赤红似火的满园榴花盛开之时。

【学风】

切问、近思、悦纳、敏行。

"切问而近思"语出《论语·子张》，"敏学"语出《论语·公冶长》："敏而好学"，"力行"见《思辨录辑要》（明陆世仪）卷一："学问从致知得者较浅，从力行得者较深，所谓躬行心得也。"切问、近思、悦纳、敏行，为兴学之要径，只有勤于提问、善于思辨、悦纳自我、悦纳他人，才能敏于学业、付诸实践，最终把学问落到实处。

二、维持生命的动力是"气"，推动学校发展的动力——优秀的师资队伍

评价一位校长，不能只看他是否具有先进科学的办学思想，更要看他的办学实践。实践是检验办学思想正确与否的标准。而最核心的标准就是担任校长的过程中，学校的教育质量是否得到提高。教育质量不仅是校长所关心的问题，也是教师、学生、家长、行政主管部门所关心的问题。这个质量不仅仅指成绩，而是学生整体的核心素养的提升。

首先，要培养一支教育理念先进、师德高尚、业务精湛、高效精干、年龄结构和知识结构都比较合理的干部队伍和教职工队伍。其次，管理要实现科学化与人文化相结合。管理的科学化是解决学校有序运转的问题，管理的人文化是解决调动教师和学生积极性的问题，因为学校管理的对象是人，而人的工作又是最难做的。校长的权威不是来自校长的称号，也不是校长手中的行政权力，而是校长高尚的人格魅力。所以，在学校实施科学管理中一定要强调管理的人文化。所以，下面我就如何培养师资队伍和如何科学人文地管理学校谈谈自己的认识，分享自己的一些做法，与大家交流。

1. 培养优秀的师资队伍

（1）立人先立德，育人如此，为师亦然。

校长自己先立德，以德服众，再树教师的德，以德服生。重言传更重身教，教师如此，校长更如此。

（2）奖惩制度分明，重在奖励。鼓励校内优秀教师、班主任发表论文，参加教学比赛、课题研究等。

（3）成立跨学科教研团队：大胆尝试翻转、生本、高效。

（4）寻找机会走出去，没有机会就创造机会。

（5）注重课程建设。课程，学校的产品。课程文化，三级课程开展。校本课程建设。

（6）教科研套餐制度：课题研究、校本教材研发、专题讲座、公开课、竞赛课、撰写文章、读书、教师论坛、发表论文、指导学生……每学年由教师自己选择，学年终考核，对教师的业务是促进，也能完成上级任务。

（7）推门课：名师引领，被推门与推门并行。教师可以随时推门听名师、骨干教师的课；班子成员、教研组长可以随时推门听教师的课。听课之后马上评课，言简意赅，直指不足，不满意的继续跟踪。

（8）关注教师思想，实施动态引导。

（9）活动促提升。

（10）小活动，大表彰。

2. 科学人文的管理

（1）严于自律，以身作则。

（2）诚信待人，精心做事。校训之诚，五境教育。

（3）校务公开，及时沟通。

（4）提升自我，榜样示范。

三、生命的体现就是"神"的活动，学校生命的律动——活动

以活动促提升。活动能促进学生能力的提升，更能促进教师专业与行政领导力的提升，也能促进团队凝聚力的提升。

1. 常规活动

教务处：杏坛览胜、舌战群儒、翰墨飘香、社团风采、百舸竞渡、学海争霸、科海泛舟、动感绿茵（八大主题活动）。

德育处：亲近自然、修身知仪、我的青春我的团、法行校园、珍爱生命、爱我中华、感恩情环、传承铭志（八大主题活动）。

2. 社团活动

三大类近30个社团：文史类、科技类、体艺类。

文史类：英语社、国学社、吟诵社。

科技类：启智机器人社、追梦纸模社、北国雪动漫社、航模社、物理思维拓展训练、电子阅读社、无线电定向与测向社团。

体艺类：桥之乐桥牌社、田径社、乒乓之家、篮球社、足球社、小兰亭书法社、色彩天空美术社、陶立方软陶社、聚焦时政摄影社、冰与火历史剧社、风清扬合唱队、小飞天舞蹈社、桑田十字绣社团、炫舞飞扬健美操社团、月牙泉民乐社团。

志愿服务类：青年志愿者社。

3. 请进来，走出去，长起来

这是创新思想的方法，请专家、学者、教育前辈走进校园，指导座谈，指点思路；让师生走出去，感受天地之宽，感悟学业无涯，从而生出自己的教育思想，拥有自己的教育理念。一位教师，有了自己的教学方法，才能站稳讲台；一位教育工作者，有了自己的教育思想，才能在教育上有所建树。

信息技术环境下课堂教学模式及学习方式的转变与革新

"信息技术环境下课堂教学模式及学习方式的转变与革新"基于信息技术环境，既改变教师教学模式，又改变学生学习方式，开展跨越"一间教室"的学习模式，使学生通过网络平台成为汲取知识的主体，并生成"活"的学习过程，促进学生能力的多元化发展，培养具有创新能力的新型人才。

一、背景与问题概述

21世纪，随着科技的迅猛发展，以计算机为核心的信息技术越来越广泛地影响着人们的工作和学习。信息技术与学科的相互渗透，成为教育发展和改革的强大动力。在信息技术环境下，必须创新思维，运用现代教育手段和科学的教学方法，才能从本质上提升教育质量，才能适应网络时代对人才培养的需求。随着信息技术在教学中越来越广泛的运用，一方面，通过信息技术创造的环境，正改变着传统教学中教师讲、学生听的被动局面，给学生创造了更多自主探究、合作交流的条件，使教学更加生动活泼；另一方面，在信息技术的支撑下，知识更加得以融合，让学生深刻体会到学习的过程，提高了学生的综合素养与能力。目前，我校许多教师通过学习现代教育理论，观念得到更新，认识到信息技术与课程整合的重要作用。但是，对充分发挥信息技术的功能，改革课堂教学模式及提高学生学习能力，则需进一步深入研究。

我们在实践中发现存在的一些问题，概括而言，主要有以下四方面：一是受到资源与理念制约，学校内的常态教学仍然以单向灌输的传统教学模式为主；二是师生、生生之间的互动、交流、探讨、思考缺乏专业化的教学平台；三是缺乏为教学量身打造的网络空间，教师的教学策略在实施和运用过程中受到网络权限的制约与限制；四是已有研究大多局限于学生的展示与修改，缺乏从教师教学设计到学生能力发展的完整研究。因此，在课程改革不断深入、构建高效课堂教学模式的过程中，对信息技术环境下学习方式的转变与革新势在必行。

二、问题解决思路

只有解决了现实问题才会激发起学生的学习兴趣，而教师已经形成了自己独特的教学风格，并非一张白纸。因此，我校在实践过程中以及时解决问题为导向，利用信息化建设的有利条件，促进信息技术环境下课堂教学模式及学习方式的转变与革新，创建新的人才培养模式；要在校园网、多媒体机房、宽带网的基础上，积极建设学生资源室，以网络为依托，拓展学生学习资源，为学生批判性思维、创造性思维和创新能力的孕育提供土壤。运用现代信息技术，搭建学生课堂学习的信息技术平台，促进学生学习方法的改变，使自主学习、探究学习成为学生学习的主流，提高综合运用所学知识解决问题的能力；通过运用信息技术，建设信息库，创立交互平台，使学生善于利用畅通的信息渠道获得信息，提高对信息的搜索及跟踪能力，强化信息接受的能力，从而发挥学生的主体性，提高学生自主学习的能力，促进学生整体素质的发展。

利用信息化平台资源丰富、开放共享、利于互动、反馈及时等特点，引领教师发现自己教学方式中的优点和缺点；利用研修工作室名师专业引领、同伴互助合作、深入教学一线等特点，帮助学生解决学习过程中的问题，甚至可以由多位教师在学生出现某些具有代表性的问题或者困难的时候给予不同的建议与帮助，而网络空间又能够完整地呈现整个指导过程，即可以通过信息化平台展示一个开放的，可以供所有学生随时浏览、反复揣摩的教学过程。

三、案例内容

在信息技术环境下课堂教学模式及学习方式的转变与革新过程中，我校出现了许多值得思考的案例资源。下面列举几个代表案例：

一是建立网络空间与网络研修工作室资源库。我校教师为学生提供丰富的学科资料，包括课程资料、教学案例、教学设计、教师视频等多种资源。教师在教学中出现了类似的问题，可以及时下载进行回顾；需要学习的学生，也可以下载相应资源进行自我学习；学生之间，也可以互相学习。

在信息化平台建设过程中，首先进行平台内容与目录的思考，进行类别划分，然后补充内容。以语文学科为例，我校以研修工作室为平台，在网页上设计了教学研讨、教师研修、课题研究、中考专题、高效课堂、资源中心六个一级栏目，并且下设聚焦课堂、课例设计、教学反思、课外世界、教育前沿、读书感悟、美文推荐、科研动态、课题资料、课题实施、中考动态、中考试卷、模拟试卷、满分作文等十四个二级栏目，针对教师与学生的不同需求，补充相应内容。

二是通过名师工作室的辐射效应，借助网络平台进行校内或校际的案例教学。其中既有来源于校内教学现场的案例，也有来源于其他学校教师的视频资料或学生习作。

三是利用维客页面组织学生开展协作学习。在物理实验教学中，将维客应用在实验课题的项目管理上，教师将教学内容发布在维客站点上，让学习者在课堂之外继续得到指导和帮助，继续巩固课堂所学知识。教师可以利用维客设计并搭建网站框架，发布物理实验项目，丰富实验内容，指导学生互动学习，可以将网站的应用充分融入物理实验教学和实验管理中。学生可通过维客网站选择实验、查看讲义和各种参考资料，预习或进行实验讨论。学生小组可通过网站互动学习，在不同地域共同讨论、编辑实验方案，进行实验及实验数据的收集、分析、处理，并且交流合作，实现生生互动、师生互动，使教学从课堂延伸到课外。维客学习系统可以培养学习者协作学习的能力，在师生共建互动过程中，密切师生关系，激发师生的创造热情。我校物理教师李军设计了基于维客平台的《透镜成像》教学实验活动，探究凸透镜成像规律，将其运用于教学实践，并且以短小视频开展翻转课堂教学，重新建构学习流程，并代表甘肃省参加了在浙江省玉环市城关一中举行的"英特尔®未来教育课题"教学观摩与研讨活动，获得专家好评。

四是在信息技术环境下课堂教学模式及学习方式的转变与革新过程中，我校不是笼统地进行通识学习，而是根据学科分组，设立学科小组负责人，根据学校实际教学工作安排和教师特点，由教师自主选取适合的研究方向，制定实践策略。我校根据学科分为语文、数学、英语、物理四个小组，每个小组在遵循培养学生能力这一大方向下，更细致地确定本学科的实践方向。比如，语文侧重基于研修工作室的学生写作能力培养，物理侧重基于维客平台的学生实验能力培养。

四、案例成效

借助网络平台这一新的教学模式，进行师生互动、生生互动，进行更加深入的交流。同时，可以为学生创造一个自由交流的空间，学生可以不受时间、地域的限制而随时与教师、学生联络，上交写作练习、发表评论，互相提供建议，并获得帮助。随意、平等的氛围不仅使学生充分放松下来，进而增强其写作的兴趣与动力，更重要的是，学生拥有了充分的自主学习空间，在对照、反思、评判的过程中达到提升综合素养的目的。

根据行动学习理论，结合信息化平台与研修工作室的特点，在沟通交流与指导中要锻炼学生提出问题与解决问题的能力，个人的学习能力，参与者之间的沟通技巧，并启发学生开展研究性学习。在学习过程中，要运用多种多样的交流与指导方式，在学习实践中不只是模仿教师的传授，而是结合所有可能的帮助与指导进行灵活的调整和大胆创新，促进学生能力的多元化发展，深化课程改革力度。

五、特色与创新

在实践过程中，我们取得了一些成绩，同时也对富有特色之处进行了归纳与整理。主要体现为：

一是网络答疑，教师可以随时通过各类网络信息化平台对学生的提问给予帮助。

二是通过建立网络空间与网络研修工作室资源库，为教师与学生提供了丰富的学科资源。

三是通过网络平台进行校内或校际的案例教学。案例既可以来源于校内的教学现场，也可以来源于其他学校教师的视频资料或学生习作。

四是利用维客页面组织学生开展协作学习。创新学生的学习方式，构建无地域限制、无时空限制的学习共同体。

五是利用短小视频开展翻转课堂教学，重新建构学习流程。

六、总结与反思

在信息技术高度发达的今天，信息化的趋势已是无可避免，而教育作为时代的先锋者和领头羊，必将受到信息化这场变革的影响。随着信息化在教育界的深入，信息技术环境将逐渐成为课堂教学中的重要教学环境。在这样的教学环境中，教师的教学方式和学生的学习方式都必然发生一定的改变，新的技术和方法为教学提供新的发展空间和新的可能，并涌现出了新的教学模式和方法，这值得每一位一线教师去仔细推敲和学习。虽然我校在信息技术环境下课堂教学模式及学习方式的转变方面取得了一定成效，但是与开展优质高效的信息化教学之间还是有很大差距。在今后的工作中，我们应当鼓励教师积极参加现代信息技术与课程整合大赛，开展现代信息技术与课程整合的课题研究工作，学校也要加大投入，且要定期开展评估检查。在使用信息技术教学的过程中，课件的制作、课堂环节的设置主要还是以教师为主，虽说也强调学生的自主学习与参与，但毕竟都是在有限的环节和有限的时间内进行，所以最终还是以教师为主。在教学中也出现了由于过多强调学生的学，而忽视教师主导作用的发挥，忽视师生之间的情感交流和情感因素在学习过程中的重要作用的现象；若学生自主学习的自由度过大，便容易偏离教学目标的要求，甚至出现教师为技术而技术的现象。

所以，在进行信息技术环境下教学模式及学习方式的转变时，既要发挥教师的主导作用，又要充分体现学生的认知主体作用，合理使用信息技术环境，把师生的积极性、主动性都调动起来，通过新的教学模式和学习方式优化学习过程和学习效果，以培养具有创新能力的新型人才。现在学生的计算机水平已经有了很大的提高，网络的使用也很普遍，教学活动借助信息技术可以做到更好地延伸与拓展。比如，学生可以借助网络搜索数学中有关知识的产生与发展；通过小组合作讨论，学生自己借助工具制作课件进行展示；教师与学生借助网络进行远距离的教学互动（现在很多网站有这个项目，但实际情况不尽如人意）；借助信息技术进行一对一的作业辅导与批改，等等。

今后，我们还需通过不断的学习与反思，进一步改进教育教学理念，使每名学生的学习兴趣和潜能都得到充分的发展。

细节成就"生本"，情感铸就美好

——工作室成员听《黄河颂》有感

　　2016年3月，我有幸聆听了"金城名师"马莹老师执教的人教版七年级下册《黄河颂》。她坚持以"学生发展为本"的教学原则，通过精巧而又务实的教学设计，开展丰富而又有序的学习活动，给学生提供了一个充分交流与表达的平台。作为一位普通的语文教师，我感慨良多。

一、关于教学细节的艺术

　　细节虽微乎其微，却能透射出教育的大理念、大智慧。在课堂教学中，教师如果能细心发现，善于捕捉有价值的细节，抓准时机，巧妙深挖，就能使课堂充满生命的活力。

　　1. 课前预设细节，让语文课堂更扎实

　　课前精心设计的教学细节可以起到深入浅出的作用，同时还能激发兴趣，激活课堂，让学生投入意境，唤醒思维。作为一种情境，"细节"是可以设计的。

　　教学片段一：

　　师：以"黄河"为话题，用优美的语言激情导入。

　　（播放《黄河颂》歌曲视频，并由学生谈感受，从而引出词、曲作者及创作背景，巧妙而幽默地让音乐课代表和历史课代表回答，缓解了刚开课时学生的紧张情绪。）

分析：课前通过对黄河的一段文艺性描述，营造出良好的学习氛围，拉近了学生与文本之间的距离，充分体现出黄河形象的文学美感。

借助多媒体展示黄河的壮丽景象，以音、画、文的综合效果让学生直观体验黄河之景，把现代教育技术灵活地运用到课堂教学中，使之成为文本解读的有力支撑。这样的处理，有利于充分调动、优化配置一切可以利用的课程资源为课堂教学服务。问题设计又能够在第一时间调动学生思考表达的积极性，为分析文本中的黄河形象打下了坚实的基础。

2. 课中关注细节，让语文课堂更高效

文本是由细节构成的，把握细节就是解读文本的钥匙；文本又是靠细节支撑的，解读教材其实就是通过对文本诸多细节的析读把握全文。

教学片段二：

（进入文本探究阶段）

师：刚才大家说到了，欣赏诗歌要关注作品中的关键词语。那么，我们看一看朗诵词的第一小节，能找到哪些关键词？又该怎样去读？

（学生自读，然后四人一组，讨论交流后展示。）

生1：我认为有"望黄河滚滚"的"望"字。

师："望"要读好，怎样读？

生1：应该拖长一点，因为作者是站在高山上面，登高望远，看得也高远。

师：所以，我们的声音也应当适当地延长一点，体现出一种高远的感觉。大家试一下这一句：我站在高山之巅——

师生（齐）：望黄河滚滚。

生2："奔向东南"的"奔"字很关键，既写出了流动的状态，速度快，而且一泻千里，所以要读得快一点。

师：对，你来试一下！

生2（快速）：奔向东南！

生3：还有"掀起万丈狂澜"的"掀"。作为动词，写出了水势的浩大、磅礴、汹涌，所以，读的时候应该高亢一点！

师：对！好，我们一起来试一下？惊涛澎湃——

生（齐）：掀起万丈狂澜！

生4：我认为"浊流宛转，结成九曲连环"这句应该读得稍微舒缓一点。因为黄河九曲十八弯，应该读出高低起伏的感觉。

师：很好。看来，我们要读好课文，一定得读好关键词！在这一小节，重点就是对几个动词的把握。

分析：如何读出诗之情？教师、学生之间的这些对话告诉我们，抓住关键词，结合语境体悟情感很重要。教师对学生的意见给予了充分的尊重，在不断追问与引导中带领学生走向纵深，教师作为学生学习的组织者和引导者，其地位和作用得到了较好的体现。

二、关于教学情感的艺术

语文学科在情感教育上具有得天独厚的条件，马莹老师在授课中就将文本学习与情感体验巧妙而自然地结合在了一起。

教学片段三：

（学生有感情地朗诵完全诗）

师：黄河颂，颂黄河，歌颂的不仅是黄河的形貌，更是黄河的精神，黄河的精神就是我们的民族魂！作者通过《黄河颂》表达了拳拳爱国之心。而今天，生活在和平年代的我们，该怎么做才是爱国呢？请说出具体的做法。

（学生思考）

生1：我们应该遵纪守法，维护国家的荣誉！

师：没有说出具体的行为或做法。

生1：比如，过马路遵守交规，不要"中国式"过马路，这在国外会让人瞧不起，认为我们素质差。（该生刚从美国回来）

师：说得非常好！其他同学呢？

生2：升旗时，肃立、目视、不讲话，尊重国旗。

生3：不说脏话、不乱丢垃圾，做好细节小事，也是爱国。

生4：我们每个人都是学校的形象代言人，无论在校内校外，我们都要想着自己是十六中人，不做给十六中抹黑的事情！

……

师：大家说得好！其实总结起来，就是心中有家、有校才有国。

分析：语文教学正是要引导学生披文而知道，披文以入情。在课堂气氛达到高潮时，教师引导学生将从诗歌中感受到的情感与自身实际相联系，心中的爱国热情在这一刻得到了尽情的表达与释放，而学生的心灵也再一次受到震撼。于是，一篇充满了爱国主义光辉的作品，在学生充满了对生活的感悟中得到了升华。

走出国门，感悟教育

——赴美交流学习心得

2015年，我校有六名学生参加了"少年使节"赴美文化交流活动。为了能够更好地合作交流，在城关区教育局的组织下，我们比学生晚两周到美国相关学校进行了参观、交流、座谈，商讨相关事宜，并有幸领略了美国的风土人情，近距离地感受了美国文化和美国教育。

为期两周（2月1日—13日）的美国之旅，我们参观考察了三所初中（正是我们学生交流的三所学校，分别是Rossford、Fassett、Woodmore）、一所职业技术学校、一所大学（加州大学洛杉矶分校）；参观了托莱多市镇政府所在地（含政府、法庭、警察局三部分）；拜访了学生的寄宿家庭，并与家庭成员进行了友好交流；还受邀拜访并参观了ACES（美国国际文化交流中心）当地协调员威尔的家庭；并参加了学生的毕业典礼……通过一系列活动，我从一个中国人的角度感受美国人文，从一位中国教师的视角观察美国教育，在对比、思辨中品味着中美文化之异同。

一路走来，几点感受，整理如下：

一、美国式的敬业与热情

在芝加哥转机时，得知去托莱多的航班因大雪取消，我们一筹莫展，打算改签、等待，不知要等待到何时……这时，托莱多的协调员威尔很干脆地告诉我们，取上行李，在机场等待，他们开车过来接。从托莱多到芝加哥，开车得四五个小时，更何况这样的大雪天？接上我们后又开四五个小时返回，到托莱多预定的宾馆已是凌晨3点。协调员威尔和另一位工作人员海伦各开一辆车，来回奔波，毫无怨言，年轻的海伦一路上还有唱有笑，激情四射，年过六十的威尔也精神抖擞，热情四溢，这种敬业的精神与热情深深地感染着我们。

戴校长的行李在此次转机中不慎"丢失"（其实是被放在转托莱多的飞机上），好郁闷！第二天，威尔又开车到托莱多机场，协调周转找回了行李，来回三个小时。见到戴校长，他热情地告诉校长找到了行李，还连连表示抱歉……言动不如行动，行动令人感动！

在职业学校参观时，宠物饲养与管理的教师对自己工作的热情，对每一个小动物的爱心让我们心生敬佩。他们像抱孩子似的抱起宠物蛇让我们抚摸，给我们讲解它的习性，告知我们母蛇怀孕，公蛇陪伴；手捧着两只可爱的小刺猬，告诉我们它们害羞怕见生人；捧起乌龟，告诉我们如何辨别公母……无论谈起、捧起哪个小动物，他们都面如桃花，满脸幸福，丝毫看不到职业的倦怠，而满是幸福充实！

托莱多的市长就更不用说了，亲民、忙碌、幽默，他热情地接待了我们并与我们合影，说狭小的办公室因为太过杂乱而不好意思让我们参观。说到他们的橄榄球队名称因与加州球队名称相重，他决定更改市名，这可是前所未有的大事，然而他做了，为了球队，更改一周！球队、工作、生活，热情一体！

……

二、美国式的教育

我们参观的三所初中学校都是规定早晨7：50左右到校，学生有由家长开车送来的，也有坐校车的（校车由学区统一调配，学校不负责交通安全）。学生中午不离校，一律在学校食堂用餐，时间为半小时，下午2：30放学。学校放学后，学生自觉地安排其他活动内容：或锻炼，如跑步、打球、游泳等，或学习自己喜欢的制作、烹饪、网络设计等，课余生活多元化。我们参观的这几所学校都没有"门卫"，但都有政府派的驻校警察（1～2名，全副武装）。学生在校的生活紧张而有序，并不像传说中那样轻松。教师开玩笑地说，如果他们的学生也像我们国家的学校一样，中午回家，下午再到校上课，恐怕下午就没几个学生会来学校了。

美国的中小学不但要求学生掌握教师传授的知识，更注重培养学生的学习能力、动手能力和独立思考能力，让他们最大限度地发挥自己的想象力和创造力，为他们的终身学习和发展打下坚实的基础。正如一个故事里说到的，美国教师评价学生的画时说的是"画的是什么"，而中国老师说的是"画的像什么"，一个注重创造，一个注重模仿。

小班化、走班制教学。美国中小学班级人数一般不超过20人，最高也不超过25人。教师"办公室"设在教室里，教师上课地点不变，学生"走班"，没有固定的教室和座位，课间一般为5分钟，为学生换教室、换教材的时间。学生的课本及学具都放在走廊的柜子里。教室不设讲台和讲桌。教室内布置得很有个性，有书柜、学习栏、电脑、玩具及多媒体教学设备。教室内的课桌有方形如同餐桌的，有条形相当于我国的两张书桌的，也有小到如同小茶几的，摆设因地因时而异，有的两张合一，也有三四张合一的，学生转而坐之，交流商议问题，感觉比较随意。走廊上随处可见的沙发、椅子、小桌子，便于学生休息。一切为了学生的办学理念，感觉被他们落到了实处。我们人口众多的国情决定了不太可能实现小班化的教学，除非下大力度建设学校、开发学校，均衡教育资源，而这应是我们努力的方向吧！

课内外结合的教学。在教学中，他们经常采用提问、讨论和总结的程序进行教学。教师首先把本节课要学习的内容和要求告诉学生，然后组织学生学习、讨论，最后由教师和学生一起总结。整个课堂教学比较活跃，学生学习比较轻松。同时，教师根据本学科的特点把课堂拓展到校外，如艺术课到博物馆参观；科学课到科技公司或实验室听取专业人员讲解；地理课带领学生到山区考察学习，等等。这样做让学生有机会了解社会、关注社会、畅想未来。

　　在我们参观一个博物馆时，正好碰到一群小学生（约有十多个）在教师的带领下，面对一幅油画，坐在地上听讲解员讲解画作背景及内容，这就是美术课或艺术课吧！很令人羡慕！参观职业学校时，我们发现整个教学大楼（其实只有一层，但占地面积相当于三个最大的沃尔玛超市）都没有吊顶，走廊的房顶上布满了大管子、小管子、电线、电缆等。目的是让学习建筑的学生能直观地看到并了解建筑的结构所在，用实例指导教学，另外也显得空间大，不压抑。

　　教学方法灵活。美国的教学模式，就是目前国内大力倡导的合作学习形式：桌椅都是几人一组，围桌而坐（也有个别班分列而坐，与我们一样），学习评价也是几人一块共同讨论、回答问题，共同完成作业，所有的评价成绩和奖惩都为一体。这其实就是培养学生合作意识最好的过程。由于实行小班制教学，教师可兼顾学生差异，如针对后进生的关注就能落到实处。教师采用一对一的办法，或一对几的办法，教师较多，辅导者多。一个班可以有多种教法，学生可以随时提问，也不用站起来。美国学生着装自由，课堂自由发言、自如谈笑、坐姿百态，但在课堂上，当教师提出问题让学生展开讨论或需要学生回答时，学生就会立即安静下来，积极回答问题，表现欲望强烈，参与程度高。

　　特殊教育的感动。每一个孩子都有受教育的权利，对于因心理、生理智障等客观原因不能参加常规班学习的学生，学校将其整合成一个特教班，派一名责任心强、能胜任各科教学的教师任教，为每名学生设计各科的学习方案，循序渐进，使其学有所获，力争使他们能顺利完成学业。这是学生的权利，也是教育的职责，要通过教育让他们获取适合自身发展所需要的知识和技能。在Rossford学校，我们被教师倾注在这些学生身上的爱心和耐心深深地感动着。特殊教育的教室布置得与众不同，墙上张贴着色彩缤纷的卡通图画，地上摆放着玩具。教室里有四名学生，都是智障学生，他们无法与正常的学生一起接受文化课的学习，但学校按照规定给予了他们特别的关怀和教育服务。打开特制房门的上半部分，一位男生在陪同我们的校长的手势召唤下来到门边，特教老师跟随着教他向我们打招呼，他含混地说着，我们听不懂，翻译也听不懂，但我们还是热情地打着招呼，握住他的手。教师耐心地教他，并不断地竖起大拇指，面带微笑地鼓励着他。有爱相随，学生便一脸灿烂。

这些教师的工作就是每天形影不离地陪伴这些学生，从早晨迎接学生到校，到下午把学生送上校车，日复一日，年复一年，毫无怨言。这些教师真是教育行业中最可爱的人。

三、美国式的校园

《人民日报》曾刊载纪校长的《变革时代呼唤宁静校园》一文，他深感"宁静是大学的一种境界、一种状态，是大学精神的真实写照"。大学如此，中学何尝不是？走进三所中学，没见到大门、栅栏、围墙等外围设施，我们甚至在找他们的操场在哪里。漫步在加州大学的校园中，甚至不知道何处是边界，任何人可以自由出入。校园开放、通达，与外界连为一体、与城市融在一起。校园的起点和终点无法辨认，校内校外的分界似乎根本不存在。只有看到成群结队的年轻人发放活动宣传彩页，我们才知道已经进入了校园。行走在美国，发现没有围墙的不仅是大学和中小学的校园，还有他们的国会、纪念馆、航天中心、艺术馆、博物馆、州府和市府大厦，甚至私人别墅等。这难道仅仅是一种形式上的自由和开放吗？我想，这也是他们对思想和学术文化的悦纳和包容汲取吧。

四、美国式的规则

在托莱多大雪纷飞的路面上，行驶半天也见不到一辆车，但是海伦每次开到十字路口时，无论有没有人，都会慢行停车，左右观望后再前行，令人佩服！我们过马路时，行驶的车已经早早慢行了，等待我们先过，受宠若惊！排队登机时，我因为行李问题耽误半分钟，后面的两个人先我而过，但当我办完手续回转身后，他们居然友好地用手势请我先行，让我仍然排到他们前面，心怀感动！凡此种种，不胜枚举。难怪回到国内，在上海转机时，学生们都不由自主地发出一声"密密麻麻啊"的感叹！原来是人多、声音大、拥挤，让他们有了密密麻麻的感受。

美国之行的影响是潜移默化的，无论对教师还是学生。我校随同出行的教师王佳在习作中这样写道："读万卷书，行万里路，这些学生作为小小先行者，在传播中国传统文化的同时领略并切身感受到了异域校园生活和文化带来的影响和冲击。异国的繁华都市，顶尖的科技，差异的文化，热情的市民，别样的风景，都给他们留下了深刻的印象，而学生在寄宿家庭受到的真诚接待，参与到的课堂学习更会让他们终生难忘。"

行动的变化源于思想的变化。基于此，我校将努力为更多的学生搭建学习、交流、展示的平台，培养学生的国际视野，为学生终身学习习惯的培养及社会适应能力的提高奠定坚实的基础。

点滴汇聚　西湖印象

——兰州市城关区"好校长·好教育"中小学校长领导力提升高端研修班培训心得

2015年10月25日—11月1日，城关区教育局组织的校长领导力提升高端研修培训在杭州举行。如果说西湖的断桥是许仙与白娘子千年等一回的邂逅之处，那么，我们与杭州就堪比期盼一生的邂逅。感谢局领导的安排，这是一次奇妙的旅程，我们更有着美妙的收获。

25日，我们闻到了全城浸透丹桂的馨香，看到了静雅里显现繁荣的街区，当然也感受到了闷热潮湿的湖水气质。26日，我们走进课堂聆听专家的讲座，在专家西湖水般的思想浸润之中，思绪激滟，内心灵动，产生了无穷尽的共鸣与思索。周培植所长10多年潜心研究的生态教育，给了我们绿色的理念，让我们明白了来做什么，能做什么；方张松主任用数据说话，带领我们从质量检测结果倒看教育；孙元涛教授让我们思考如何重构政校关系，以及学校内涵建设如何"为"，如何"不为"；陈钱林校长用一线的切身经历告诉我们如何提升学校管理的效度；王曜君校长站在西湖区的高度娓娓道来，阐述如何"十指合意"，让每一名学生享受优质教育；参观的两所学校校长更是现身说法，结合学校实际，从外部环境到内部人文内涵、思想理念，与我们共享教育的昨天、今天与明天。

六天的培训，收获满满，今天写心得，不想像从前一样高大上地涵盖方方面面，只想从点滴入手，写几个自己感触最深的"点"，以点窥面，记录我们不虚此行的体验。

一、教师人格魅力与成绩成正比

古人云："亲其师，信其道。"教师的道德、责任、人格魅力不仅潜移默化地影响着学生，更是影响成绩的最重要因素。学生是否喜欢教师，决定着成绩的高低。从事浙江省中小学教育质量监测研究的方张松主任用数据说话：师生关系水平提高10个百分点，成绩提高6.4个百分点。这就是实施教育质量监测的意义，这是破解素质教育难题的一个突破口。于是，我更加明确了加强师德教育的重要性。铸师魂、树师德，高大上的口号必须要在点滴细节中得以落实，一定要对学生进行鼓励教育、赏识教育，多以谈心方式解决问题，多换位思考，站在学生的角度想问题。学生是在不断犯错、改错中成长的，我们要学会宽容，学会海纳百川！

二、澳大利亚体育课的启示

方张松主任讲到了澳大利亚的体育课，六年级与一年级同上，六年级的学生教一年级的学生广播操，每个人都是一对一服务，成果展示方式是一年级广播操比赛。细细想来，在学生与学生的互教互动中，思想品德教育已经渗透其中，即学会帮助别人：一对一的帮助，教者尽心，学者尽力。当一年级学生比赛获得成绩时，教者会享受到更大的快乐与收获。我们不是常有这样的体会吗？为什么不把这种快乐放到学生手里呢？由此，我想到了，我校每年初一新生入校一个多月后都要开展广播操比赛，怎么从来就没想到过用这种办法呢？无论是从学生角度还是从人文角度进行观察、衡量，我都认为，明年值得一试！

三、我们这样开会

杭州师范大学附属中学的陈钱林校长，开篇就讲了作为校长该如何开好各种会议：班子会制订汇报规则；班子会上不研究科室提出的没有方案的议案；不允许随意插手他人的工作，解决好班子的独立性，也是各处室主任责任感的体现；民主与集中规则；教师会必须按规定时间完成；可说可写的不在会上说；与少数人相关的不在会上说；校长发言重讲核心价值观；中层不讲大道理，只讲怎么做；校长讲为什么这样做；安排有计划性，不允许出现临时通知、临时会议、紧急通知……严格的制度管理可见一斑，对我下一步思考如何开好班子会提供了很好的借鉴意义。课堂教学要高效，开会难道不是一样吗？提高各种会议的高效性，就是提高工作效率。陈钱林校长的《我们这样开会》值得一读。

四、自主选择教科研套餐制度

陈钱林校长的制度建设，让我感受到实际、严密、序列、尊重的原则。尤其是在专业成长制度、选择教科研制度、选择工作岗位制度、选择备课方式制度，即教师社团制度等方面很受启发，简单可行易操作。例如，选择教科研套餐制度，即教师每学年开始四选一（论文、课题、读书、教师论坛），每年选一样，年终考核，促进业务提升。

五、班级合作学习制

西湖区教师进修学校王曜君校长在《探寻一种适合每一个学生学的方式》报告中，谈及"变革教学方法"内容时强调必须体现分层，凸显自主学习、合作学习、探究学习，必须改进课堂教学方法、改革教学组织形式、加强信息技术在教学中的应用、改进作业布置和批改，并由此提出了"班级合作学习制"的方法尝试。王曜君校长的讲话我感同身受，当时就想好了回来后要在自己的班级进行尝试（刚好本学期我带了一个班的语文），效果明显后我会在语文组试行，如果组内运行有效，再扩大到全校。我要采用小组教学的方式：全班学生按语文水平分为四层，每层组合成一个学习小组，每个小组四个人，小组选出组长。按照不同文本的要求，组长对组员进行分工，利用课间、自习课或课外时间进行交流、沟通、分工、合作、探究，然后在课堂上进行展示。实现"学习知识在课外，内化知识在课内"的翻转理念，充分调动起学生自主学习的积极性，做到学生自己能解决的，教师不插话。因为，我深知学生学习的最大敌人是依赖，教师教学的最大悲哀是包办。所以，学会放手、敢于放手、巧妙放手是关键，他给了我这样做的勇气和专业支持。

缘分让我们与西子湖畔的人、事、物、景有了六天的美丽邂逅，聆听湖音，感受文化；结识新友，感受情怀；交流思想，感受时代；心灵碰撞，感受智慧……

于是，就有了点滴汇聚，西湖印象！

在教育的道路上，坚守前行

——赴陇南西和"送培送教"感想

2016年11月10日至13日，我有幸参加了甘肃省小学教师培训中心赴陇南市西和县"送培送教"项目。以省级专家的身份前往西和，给教师送讲座，我荣幸之至。经过精心的准备，我做了《让爱在放手中延伸——做智慧型教师》的报告，以案例为主（大概20个案例）串起整个讲座。因为，我认为实际教学的案例最有说服力，在案例基础上再升华到理论引领，现场教师们肯定也爱听。

但是，讲完之后，在现场互动交流的过程中，我发现讲座中还存在很多问题。反思以后，汇总如下：

一、没有"以学定教"

在讲座中，我讲了很多关于"以学定教"的案例及具体要求，却忽视了所面对的讲座对象———一部分农村教师。他们学校的现状与城市学校大不相同，每位教师身兼数职，每位教师一天可能上7至8节课，且各种学科集于一身；有的学校还存在复式教学；有的学校大课间要九个年级同时进行……凡此种种，我既没有想到，也没有做前期调研，只是按照我所在的兰州市的一些学校现状进行分析。所以，我的有些做法可能不太符合农村学校的现状，不接他们的地气。如果以后再有这样的机会，我一定先要"备"学情，备"送培送教"之地的实际学情、校情、地域情，这样才会更加有的放矢，让"送培送教"实现效益最大化，让当地教师最大化受益。

二、现场讲座也应"互动教学"

一般的讲座都是专家主讲的"一言堂"，我此次也不例外。但是，根据美国学者埃德加·戴尔（Edgar Dale）在1946年提出的"学习金字塔"（Cone of Learning）理论，采用不同的学习方式，学习者在两周以后还能记住的内容（平均学习保持率）多少是不同的：听讲的方式两周后学习保持率仅是5%；阅读能够记住学习内容的10%；小组讨论50%；看影像，看展览，看演示，现场观摩能够记住50%；参与讨论，发言能够记住70%……也就是说学习效果在30%以下的几种传统方式，都是个人学习或被动学习；学习效果在50%以上的，都是团队学习、主动学习和参与式学习。因此，讲座也和教学一样，要想收到最好的学习效果，也应该采用与现场教师互动的方式，让他们置身其中，参与其中，主动地说说、谈谈、聊聊。这样，专家讲座也会更现实、更接地气！

三、做终身学习的榜样

讲座中谈到了"终身学习"的理念，这既是新课改理念下对教师的要求，更是时代的要求。古话说"活到老、学到老"，古人都有此意识，何况我们新时代的人呢？但是，说来容易做来难，尤其在今天这样浮躁的时代，快节奏的时代，刷屏的时代，人们难以静下心来发掘慢品书籍、慢品生活的时代内涵。今天，教师要成为一条潺潺的小溪，能源源不断地为学生输送营养。给教师们做讲座，那不得成为滔滔的江河吗？因此，静下心来学习，静下心来求知，静下心来钻研，静下心来育人……才是我们的终极目标。为此，我们要坚持，因人生的成功贵在坚持！

这次活动让我获益良多，不仅意识到自身的不足，也看到了长期坚守在农村教学一线的教师们的教育情怀。正如教师进修学校罗红梅副校长所说："他们能这样长期坚守在农村教学岗位，坚守在教学第一线，就是因为他们有着伟大的教育情怀。如果没有这份情怀，没有对教育的这份执着，是没有人会甘于这份清廉的职业的。"为此，我深深地为他们这种精神、这份情怀所折服，从他们身上，我看到了什么是坚守，什么是奉献，什么是事业，什么是情怀……我也将会以他们的精神为榜样，在教育的道路上，一路前行……

走进身边好学校，饱览教育新收获

——"走进身边好学校"现场观摩活动有感

2016年11月1日下午，我有幸参加了城关区教育系统"走进身边的好学校"现场观摩活动，分别参观了四十六中、三十五中、十九集团武都路校区。虽然时间仓促，走马观花，但是颇有收获。

一、环境营造好氛围

对于学生、家长及社会而言，学校好不好，最直接体现在校园环境的营造上，因为这是学校文化最外显的一部分，直接影响着外界对学校的评价。四十六中被绿色环绕，国槐、松柏高大挺拔、郁郁葱葱，爬山虎、葡萄藤覆盖文化长廊，火红的枝叶让人联想起秋日的硕果与收获。十九集团武都路校区虽然少了点绿色，但是雅致的小园林设计令人顿感舒适，流水、小瀑、石雕、小桥、墙面与绿化巧妙结合的"书虫"设计，令人耳目一新。休闲的读书长廊被绿色盆景植物环抱，能让师生在愉悦的读书氛围中感受自然的味道！一切源于学校的精心设计与整体布局，胸中有丘壑，才能文化于环境。

二、隔空对话教与学

三十五中位于繁华中心地带寸土寸金之地，学校面积显得很狭小，但是现代化的教学让我们感受了其时代气息和超前之处。步入物理教研组活动现场，我们看到了学校录播室与四十八中录播室的同步互动教学研讨。隔距离空间的对话交流在城关区域内完美实现，解决了教师长途跋涉之苦，节省了路途时间用来教研，也是一件乐事。十九集团武都路校区与下沟校区的网络同步互动课堂也一样令人欣喜，相信未来的城关教育一定会在现代化、信息化的路上走得更好、更远！

三、丰富活动显素养

无论哪一所学校，他们都注重学生综合素养的培养，各种社团、各种校本课程、各种活动让学生们感受到学校的魅力，找到展示自己才华的平台。书法、戏曲、机器人、定向测向、插花、茶道、书吧、蛋糕坊……丰富的学习平台展现了学校在办学理念上的转变。

四、凝心聚力促发展

学校的发展，离不开全体教师的齐心协力，更离不开班子成员的集体智慧和集体规划。参观中，我们看到了每所学校班子集体的力量，大家众志成城地共同谋划、共同发展。校领导们精心的准备、热情的招呼、清晰的介绍、真诚的交流，让我们感受到了家的温暖、家的凝聚力！

五、活动举办获益多

"走进身边好学校"活动举办得有价值、有意义，一是能促进学校管理更加规范，提升办学品质；二是能通过宣传，让身边的这些好学校走进千家万户，赢得社会认可；三是能通过走进、参观、交流，相互借鉴，取长补短，从外到内，从硬件建设到软件开发，从室外装修到室内教研，有心的参观者自然会有所借鉴，让自己也获得无限发展。所以，希望这样的活动能一直办下去！

稽山鉴水育英才

——参观鲁迅、蔡元培故居有感

2017年10月，我又一次来到鲁迅故里。

三年前来这里，印象最深刻的就是《从百草园到三味书屋》里谈及的百草园和三味书屋。教了多年书，我却从未到过鲁迅故里。所以，那一次在众多景点里重点寻找这两处，想看看实物与书中所写有何不同，还照了许多照片，打算以后再讲此文时在学生面前晒一晒。还依稀记得："三味：读经味如稻粱，读史味如肴馔，诸子百家味如醯醢。"也还记得匾下桌台上摆着一幅活灵活现的《松鹿图》，画上古树底下伏着一只梅花鹿，那就是书上所写的当年鲁迅他们行礼的地方吧！

今天再次来到这里，我的心境却比以往深刻了许多。因为从更多的旧照片及历史遗迹中，我更加深刻地看到了鲁迅一生走过的艰难历程，"横眉冷对千夫指，俯首甘为孺子牛"正是鲁迅一生的写照。他由一个封建士大夫大家庭的长房长孙，变成了一个破落户子弟，家庭所遭受的一系列重大变故，使少年鲁迅看尽人间冷暖、世态炎凉，认识到封建社会的腐朽和没落。1902年，鲁迅赴日留学，学习医术，因深受资产阶级民主革命浪潮的影响，积极投身于反清革命的洪流之中，并立下了"我以我血荐轩辕"的誓言。1906年，鲁迅看到国内同胞思想的麻木，毅然弃医从文，以笔为刃，试图以文字唤醒国人的灵魂。他先后发表《狂人日记》《阿Q正传》《药》等作品，一代大家，由此诞生。

参观完鲁迅故居，我与第四组的伙伴们一起步行前往蔡元培故居，来到了笔飞弄13号——一个雅致的弄巷名字，幽深里弄深处，蔡元培故居现于眼前。"学界泰斗，人世楷模"的对联正是对其一生的写照。作为我国近代史上著名的爱国主义者、教育家、美学家，蔡元培倡导教育救国、科学救国，提出思想自由，兼容并包的主张。但是，蔡元培最大的成功不在于学问和事业，而在于其伟大的人格。

鲁迅和蔡元培，同为绍兴人，但性格截然不同：一个耿直率真，锋芒毕露；一个谦让慎独，宽容民主，真诚淡泊。蔡元培就像磁铁一样吸引了当时最为著名的人才，把一些自恃清高、个性不羁、互不服气的名人聚合在一起，出谋划策，从而开创出一种风气，成就百世伟业。论学问，蔡元培未必高于鲁迅，但他是"开风气"之人，"只在开出一种风气，酿成一大潮流，影响到全国，收果于后世"。所以，当时国内最为著名的陈独秀、胡适等被其尽收麾下。如果没有蔡元培，这些人不可能聚在一起，更无法形成一种势力、一种潮流，从而把个人的才能发挥到极致。

鲁迅以笔为刃，用文字唤醒国人，用文章直插敌人心脏，想把一己之力发挥到极致，但那毕竟也只是一己之力；而蔡元培能用自己的魅力让众人为之服务，实现其自由之思想，兼容之精神，把每个人的才能发挥到了极致，将一己之力发挥到了极致！

点滴汇聚 绍兴印象

——金城名师绍兴高端研修培训心得

美丽的金秋十月，我携手一个志趣相投的名师团队，来到了稽山鉴水旁，在这座极富文化底蕴的江南古城绍兴，追随着教育家的足迹，继续探寻着教育的梦想！

11场高端讲座，2次名校考察，1次文化寻访……我们在专家的理论引领里碰撞出火花，在稽山中学的文化积淀里思考着教育，在鲁迅、蔡元培的故居里探寻着历史。这座小城，有历史与现代的交融，有人文与制度的相会，也有传承与改革的相融，坚守与创新的思考。

浙江省教育厅教研室副主任张丰老师说："核心素养也许就是教育之后让学生遗忘以后留下来的东西。"学生如此，教师亦如此！下面我就谈谈自己今日所留下来的"核心素养"。

一、学术研究，让我们用思想说话

杭州师范大学赵志毅教授的讲座，诙谐幽默，旁征博引，对各种历史事件及人物信手拈来，让我们领略了教授的睿智与博学。但更大的受益在于他传递给我们的一种思想、一种精神：学则须疑。学术研究要有质疑的精神，"如果一门学术只剩下一种观点，就意味着这门学术已经死亡""授人以鱼不如授人以渔，并不意味着无往而不胜，因为池塘中是钓不出鲨鱼的"，其经典的言论仍时时回响在耳畔。如何"授之以渔"？如何"质疑、想象、创新"？如何缩小我们与西方国家在培养创新精神上做法的差距？如何认识理解"全面发展的人"？蔡元培"思想之自由，兼容之包并"的可贵精神，与赵教授所讲异曲同工。在今天的教育和教学中，我们缺少的正是这种质疑的精神和辩证的眼光。如何面对钱学森之问？如何面对"范跑跑"？如何面对教育现状而有自己的思考？所以，"别再拿着自己的旧船票上学生的新客船"。做一个深度学习、深度研究、深度思考的人，做一个有批判精神的人，是我今后努力的方向。

二、校本研修，让我们用项目说话

在课堂教学中，我们经常谈到要引导学生学习，让学生化被动为主动，唤起学生的学习欲望，让真正的学习发生……但是，我们从来没认真思考一下，对于我们自己，是不是亦如此？也应该让真正的学习、真正的研讨发生呢？

学校的校本研修更多的是一种控制性管理。例如，教学过程管理中检查教案，只是检查备课内容、环节是否齐全，为检查而检查，没有真正发挥检查的指导作用。所以，要从教师教育与教学管理的双重视野推进校本研修，发挥学校教学管理的指导功能。指导教师研修三步走策略：落实教学常规，让教师心中有规则；提高教师技能，让教师手上有技术；促进教师专业素养进步，让教师脑中有智慧。只有从教学过程管理到教研活动再到教育行动研究，层层推进，层层落实，才能提升教师的研修水平，而落点就在于让真正的研修发生，而真正的研修必须建立在具体的项目行动上。例如，在强调减负提质的大背景下，如何给学生减负？这不仅仅只是少留点作业的问题，更是一项专题研究，要先开展教师作业行为调查，再开展"旨在改进作业过程的教师研修之作业布置"的项目行动。

在实际行动中，教师分别研究三本不同的教材配套练习的各单元内容，一是结合课程标准透视作业意图；二是判断作业的有效性和优劣程度；三是选择修改不满意的问题；四是梳理有效作业的特点；五是思考如何设计与整合作业。教师按照五步法分析之后，再布置作业才可谓是减负高效的作业布置，而将这样的过程记录下来也可以作为小课题研究的成果了。这样的校本研修才是让学习、让研修真正发生的过程。

当然，不仅是校本研修，任何一个课题、一个行动、一次改革、一次尝试，都需要项目设计的支持。正如杭州西湖区教师进修学校王理校长所讲，任何一种STEM教学方式都需要通过项目设计把各个学科融合起来，只有项目设计+技术支撑+融合教学，才会有STEM。

三、尝试教学，让我们用行动说话

"书山有路勤为径，学海无涯苦作舟"。江苏省特级教师邱学华教授以他的"勤"与"苦"成就了其今天的事业，以其勤奋、执着、乐观的精神带给了我们很多感动！当我们在抱怨工作累、事务多，心情差的时候，想想83岁的邱教授都能一路坚持、一路执着、一路吃苦、一路愉悦，我们还有什么可抱怨的？他60年的研究之路，从实践到研究再到实践，从尝试教学法到尝试教学理论再到尝试教育理论，从小到大，由浅到深，从零碎到系统，遵从研究规律，从我国历史悠久的教育史中汲取营养，植根于中华沃土，持之以恒地研究、尝试、反思、改进。这份专业的追求正是我们所欠缺的，这份执着的精神也正是我们的短板。他尝试运用尝试教学法，尝试让自己的教育思想落地生根，尝试将自己的诸多反思整理成册……我们应该向邱教授学习，将自己的诸多梦想、理想、想象付诸实践，用行动说话，做行动的巨人！

四、修炼有为，让我们用快乐说话

浙江省语文特级教师虞大明校长所提倡的"核心素养"无一件不与课堂教学有关：修炼"语用"意识；修炼"问问题"能力；修炼"秀"自己的意识和水平；修炼"文本突围"的能力；修炼为儿童"松绑"的意识；修炼"尊重儿童"的能力；修炼童心童趣童味。这些修炼到家了，快乐也就诞生了。我们也应该像虞大明老师一样，敢于突破自我，把自己引进到教学里，让自己或做道具，或做材料，或做榜样，或做反面教材……把自己当作教学资源，善于示弱，敢于自黑，勇于自夸……放下自我，敢于"装傻"，在"大智若愚"的教育智慧下，让学生焕发精神，让课堂焕发快乐，让教育焕发生命！少一分说教，多一份聆听；少一分讲解，多一份互动。在知识多元化和信息资讯海量化的今天，学生在某些方面完全可以做我们的老师，所以放低自我，与学生并肩前行，师生的心灵才会更加沟通，情感才会更加交融。教师放下传统的"威严"，才能与学生一同前行在教育之路上。虞大明老师正是以这种教育智慧，让我们看到了应当如何让课堂以生命的名义注进学生的心里。给学生一个舞台，他会还你一片精彩！课堂教学是这样，思想教育也是这样，这与邱教授的尝试教育异曲同工。看来，专家们的教育思想都是相通的，教育的行动都是触类旁通的，教育的快乐也是我们共同追寻的。

有了想法，才有项目；有了项目，必定行动；有了行动，就是与快乐同行！同是教育人，同有教育情怀，与教育人一同快乐地行走在教育之路上，我们看到了教育的远方！出发是为了更好地回归，回归教育的起点，回归教育的常态，回归教育的本质。真正的教育是大智慧，无形，但胜有形；无用，但大器天成。林格认为教育的本质是心灵之间的感应，他提出"教育之道，道在心灵"的思想。教育就是一种灵动的气韵，让我们用行为和所有的学生进行心灵感应，像虞大明老师一样，放下自我，敢于"装傻"，因为只有在"大智若愚"的教育智慧下，尝试教育才能产生，学生才能爆发出无限的潜力，师生才能一起走向幸福的远方！

一生专注一件事

——金城名师名班主任南京培训心得

"人生为一大事而来！"

现代著名平民教育家陶行知先生一生为教育而来，一生专注教育一件事，在志趣与坚守中，"为一大事来，做一大事去"。

在冬日的淫雨霏霏中，兰州市金城名师名班主任等一行160余人，从金城来到金陵，也为人生一大事而来，来到这座六朝古都，汲取天下文枢之精华，踏寻江苏教育之丰硕，思索教育发展之路径。在这里，我们定位名师发展目标，探寻名师发展路径；在这里，我们互动研讨，交流碰撞；在这里，我们积蓄力量，再次出发！

11场专家讲座，2次名校参观考察，1场学员分享……每位学员的第一句话都离不开感谢：感谢兰州市教育局搭建的平台，感谢成教中心的严密组织保障，感谢人教社精心的课程架构……我想，最好的感谢应该是以成果回报所有值得感谢的人与组织，只有把感谢付诸行动，用行动让教育改变一点点，推动教育进步一点点，才不辜负领导们的信任和行政部门的组织。下面，就自己的一点收获与思考与大家分享。

成尚荣老先生的首场讲座《名师发展的价值坐标与路径超越》，就高屋建瓴地确定了本次研修学习的基调：名师应该怎样给自己定位？应该怎样成长？

整场讲座其实都是在围绕"怎样成长""怎样让自己成长得更好"而谈。

名师要成为"众多合唱者的领唱"，名师风格就是"众多合唱声中领唱者的旋律"。一语中的！我们要成为这样的"领唱者"，要成为"主旋律"，如此形象的定位，让我们迅速地认清了名师的价值坐标。那么，如何践行、实施、落地？又如何生根、开花、结果呢？纵观所有专家的讲座，一言以蔽之，都离不开兴趣、研究与坚持！正如南站军局长所言："兴趣很重要，研究很重要，坚持很重要！"

一、兴趣很重要，它是让人发展的重要内驱力

人的发展需要动力。成尚荣老先生有言："鸡蛋只有自己从内部打破，才能成为生命。"这个内部打破的力量才是真正的内驱力。而内驱力从何而来？——兴趣！

人民教育出版社总编辑郭戈的话犹在耳边："兴趣是最好的内驱力。"无论教师还是学生，离开兴趣的发展都是强迫的，没有情感兴趣的学习都是无效的。英国教育家洛克说："我的梦想是让教学的过程变成游戏的过程、乐趣的过程。"我们的教学要这样，我们自己亦应如此！

当我们一次次感受职业倦怠时，一次次流露出对工作的不满时，是自己已经失去了方向，失去了当年选择教师这一职业的兴趣。学习靠兴趣，工作亦如此。郭戈凭着对写作的兴趣走上了总编辑的道路；郭文红老师凭借着对教育的兴趣做着一名幸福的教师；斯霞、于漪、李吉林、李庾南……他们之所以在教育上有如此建树，都是因为他们已经不仅仅只是对教育感兴趣，而是将兴趣化为了志趣，将职业化为了一生的事业追求。而我们，对自己的工作连当年的兴趣都消失殆尽，又怎谈志趣、怎谈追求？当我们不再把教师当成一种职业，而当作一项事业面对时，我们才能从敬业变成乐业。当乐业面对时，我们的兴趣才能回来。在兴趣的指引下，我们才会"知之者不如好之者，好之者不如乐之者"，才会快乐地工作、生活，享受人生。

二、科研很重要，它是提升我们专业能力的必经之路

科研，对于专家、教研员、教授来说很熟悉，他们经常在做，并且必须做；但是对于一线教师而言，总感觉这两个字很遥远，又觉得不重要，似乎与教学关联不大，如不是评职称必须有，恐怕更懒得关注。这也许就是教师们对教学越来越倦怠、越来越没有兴趣的原因吧。因为用经验教书，用资格说话占据了上风，科研意识已经付之东流，一生似再无所求了。殊不知："如果你想让教师的劳动给教师带来一些乐趣，那你就应当引导每一位教师走上从事一些研究的这条幸福的道路上来。"

一线教师——南京十三中的曹勇军老师，从课堂疑难中寻求问题、解决问题，将教学与研究融会贯通。教师不是专家，教师是有思考的实践者。教师的成长是反思、实践、开发。曹老师的"时事演讲"很好地将教学与研究融合在一起。他为了让学生写作能力得以提升，先让学生讲热点时事，关注现实；然后对现实进行分析，提高学生关注现实的敏感性；再到演讲后的点评；并且把好的演讲稿打印出来贴在墙上，给学生风暴洗脑；最后做成系列化内容节目……在实践过程中步步完善，层层创新，因为高考前还有五人未做演讲，大家纷纷在高考后又自发地回到教室，完成"最后一次演讲"。此时，活动已经不是为了提升写作能力、为了高考而生了，它已经转化为学生的一种兴趣、一种追求！因为"最后一次演讲"的影响力巨大，被学校调整到在全校进行，全校教师、外校同行、媒体记者纷至沓来……最终，曹老师的科研成果、个人专著《高三10班在六楼——一个理科毕业班的时事演讲故事》面世。

在日常教学中，我们也会面临很多问题，在对问题的思考中，我们通过行动将面临的问题解决了，这个解决的过程就是研究的过程。只不过有的解决了，成功了；有的解决得不尽如人意，但这都是研究的成果与经验，都是一种实践性研究。作为个体，我们必须让理论或经验在自己身上重演一遍，如此才能得到研究成果！所以，在教学中，我们不缺乏研究，而是缺乏研究的意识，缺乏将研究的过程搜集整理在案，并将其编撰汇集成册的意识。

三、坚持很重要，一生只为一件大事而来

每一位授课的专家都在教育战线上工作到了今天，他们已经不是坚持，而是坚守！一辈子坚守一个岗位、一种职业，且一辈子爱着这个岗位、这个职业，一辈子在研究着这个岗位、这个职业，这种精神弥足珍贵。

我们今天也在这个岗位上，但是，我们是把它作为一种养家糊口的职业对待，还是当成一种终身志趣所在的事业追求？目的不同，过程就不同；过程不同，结局就不同。教育大家的坚守当然是后者。所以，无论坚持抑或坚守，都要有着正确的前提与目的，那样才会有非凡的意义、历史的价值！曹勇军老师就一件"时事演讲"之事，却在坚持中做到有声有色，有科研成果，有推广价值；郭文红老师就一件"家访"之事，却在坚持中一步步改变自闭症男孩，因为她知道教育的任务首先是了解学生，而要深入了解学生，必须走进他的家庭；周益民老师就一件"儿童阅读"之事，却在坚持中让学生在童年就爱上一本书，开发读书笔记新模式12种，让书成为与学生沟通的桥梁，因为他深知：儿童文学是解放儿童、教育成人的文学；郭戈就一件"写作"之事，却在"形式是模仿，但核心内容是独创"的坚持中出版一部部著作，一路与写作、与文章、与科研同行，最终取得今天的骄人成绩……

七天的学习，从第一天开始，兴趣、科研、坚持这三个关键词就深深进入我的脑海，挥之不去。七天结束，我发现每一位专家、教授，甚至一线教师身后都是这三个关键词在一以贯穿。这三个词，是三种品质、三种追求。它不分前后，不分主次，是每个人都必须从一而终贯穿的。在未来的教育之路上，我们都会以自己最美的姿态向上生长，一生专注一件事，用敬业、乐业诠释自己爱国、爱教育之心！

一生专注一件事，用心去做，必成大器！

与爱同行，愈行愈远

——读龙应台《目送》有感

儿子上大一快一年了！记得刚开始的时候，他经常打来电话、微信视频或留言聊天，会把他在国庆节时与同学一起到秦皇岛游玩的感想跟我畅谈：同学们怎么不操心啦，怎么睡懒觉不游玩啦，怎么准备工作不足浪费时间啦，怎么吃饭耽误集合啦，他做了哪些工作还反遭埋怨啦……在我的循循善诱和方法指导中，他的一些小抱怨慢慢平复，这让我时刻能掌握他的动态，了解他的心情。但是这学期，电话没了，视频少了，留言也有一搭没一搭了！问其原因，他说："聊啥呀？聊完又该想家了，不聊还不想……"我无语！也许这是真心情！

上周双休日，家人去北京开会，抽出时间专门去天津看了一趟儿子，请他吃了顿饭，之后把他送回学校，还在我们家的微信群里发了几张照片。看到前几张吃饭的、谈笑得都很开心，我看得也开心，但是最后一张背影照却让我感从中来，也许我是一个善感的人，也许我的儿子才善感：画面是独自一人回校时的背影，偌大的校园里只有儿子那一个小小的背影，我顿时伤感无限……

想起第一次送他到学校，办完手续，安顿好宿舍，最后一家人一起吃了顿饭后送他回校。看他下了车，跟我道一声拜拜，自己走向学校，头都没回一下……我在车内百感交集，五味杂陈……虽然伤感，但是忍住眼泪，故作坚强，笑看风云。可是，今天看到这个小小的背影，当时的感觉又涌上了心头，不争气的眼泪溢满眼眶！

为什么会这样？我想和我这几天一直在看台湾作家龙应台的《目送》也有关系。那种矛盾，那种心悸，那种伤感，那种无奈……在龙应台的身上体现得淋漓尽致，这就是母亲的共鸣，也是我们共同的心声吧！

孩子大了，应该有他自己的选择、自己的生活，因为"有些路啊，只能一个人走"。

现今66岁的龙应台以一个过来人的身份告诉了我以上道理。她经历过太多这样的别离、背影、目送，她在文中谈到自己孩子的表现时，让我们感觉是那样的熟悉：

16岁的儿子华安到美国做交换生一年，机场告别时，照例拥抱，感觉到他很明显地在勉强忍受母亲的深情，之后，我看着他瘦小的背影消失在门里。

和儿子共进早餐，母亲孩子般开心地说出自己的发现：欧陆早餐与英国早餐的不同时，儿子笑也不笑，说："大惊小怪，你现在才知道啊。"

和母亲一起走到三一学院门口，当母亲用手指着一株瘦小的苹果树，说这号称是牛顿那棵苹果树的后代时，儿子说："你不要用手指，像个小孩一样，你说就好了。"

当我兴奋地发现一只长尾山雉，指给他看时，他却快步离我五步之遥，站定，说："拜托，妈，不要指，不要指，跟你出来实在太尴尬了，你简直就像个没见过世面的五岁的小孩。"

……

凡此种种，感同身受，这不就是我家孩子吗？不就是那个看似长大却又没长大的大小孩吗？《目送》中写家庭、写孩子、写父母亲情的部分，让我引以为知音！让我们在感受孩子成长的同时，也感受到父母的不容易，至于该如何对待孩子与父母双亲，这本书给了我太多思考。她不会直说礼教，没有长篇大论的教导，而是以一篇篇短小的叙事呈现，纯客观陈述，陈述中画龙点睛式的几笔感慨，但足以引发我们情感的共鸣！

面对孩子的长大，我们有喜有忧，这是成长规律。做父母的应该学会放手，因为有些事，只能一个人做；有些关，只能一个人过；有些路，只能一个人走。孩子最终会长大、会成熟、会决断、会勇敢向前，还会指导、教育、照顾我们……就像我们会照顾年迈的父母一样！

在倡导弘扬国学、弘扬传统文化、弘扬家教家风的今天，我们除了引导下一代，更要"孝顺"上一代。在《目送》中，作者如何劝服妈妈不再去"砍"假牙；作者如何陪同妈妈去逛街，去劝说妈妈不能买尖尖的镶着金边的高跟鞋；作者如何耐心地引导生病的爸爸一边念诗，一边艰难走路、说话；作者如何慢声细语地说服年迈的爸爸不再自己开车；作者如何用手指拨开父亲红肿的眼皮，然后拿着棉签蘸着水擦洗他的眼睑内侧；

……

那种对父母的耐心态度——语言的重复，节奏的缓慢，令我的心为之一颤。我心底曾悄悄埋怨父亲耳背，说话非得说两三遍，还得大声喊才能听见；我心底曾悄悄埋怨母亲弓背走不动路，外出带着她很费劲；我心底曾悄悄埋怨父亲的大道理讲得太多，母亲的老故事重三剥皮地反复唠叨……从《目送》中，我发觉这原来都是无声的幸福，是亲情的给予，是生活的馈赠。家有一老，如有一宝。老人在，家就在；老人在，是回家；老人去，是亲戚。

我爱我的孩子，爱我的父亲母亲！"老吾老以及人之老，幼吾幼以及人之幼"，我也会爱着我们石榴园里的孩子们，我也会爱着身边所有的老人，以及需要关爱的人！用语言表达爱，用行动践行爱，效果才能见证爱！但强势的爱是伤害，同情的爱是施舍，泛滥的爱是无序，我们要爱得科学、爱得合理、爱得智慧、爱得艺术。

让我们在灿烂的精神下，与爱同行，愈行愈远……

家乡的"金山银山"

　　我是河北人，7岁之前一直生活在那里；小学与初中时生活在青海；15岁时，来到兰州，至今已然30多年了，这里已经成为我实际意义上的"家乡"。

　　寒假，清晨，我去鼓楼巷市场买菜。天气格外寒冷，嘴里冒出的哈气盘旋上升，瞬间又散开。走在酒泉路上，经过中山林的天桥，看到了碧蓝的天空，看到了笔直的大道，看到了清新的楼群，也看到了人们的神清气爽，随手用手机拍下这一清新的早晨，像素虽不高，画面结构也不专业，但是我感受到了作为一名兰州人的自豪，就因为这冬日里的"蓝天白云"！

　　20世纪90年代，我曾经为生活在这个城市而感到悲哀。那时，我每天骑着自行车去上班，冬天戴着白色的口罩，一路骑下来，两个鼻孔都是黑的。每每与家人感叹：真想离开这座城市，污染太恐怖了，不知一年要吃下几块蜂窝煤。可是，我没有辞职、离开、换个城市从头再来的勇气。按部就班的传统思想束缚着我，虽然环境恶劣，还是在忍受，只不过把希望寄托在了孩子身上，告诉孩子，以后一定要考出兰州，单为了离开这个空气污染严重的城市也要考出去，不然，对身体伤害太大了……

　　然而几年、十几年过去了，慢慢地，我发现情况变了：不知从什么时候开始，冬日里能看见蓝天了。突然，内心是那么敞亮，心情是那么明媚。此时，顿觉自己身为兰州人很自豪。水光山色与人亲，说不尽，无穷好。我们开始学会尊重自然，保护环境，发展绿色生态。现在的兰州宜居、宜游、宜生活，能有今天的"绿水青山"，我深知正是人们思想不断进步、政策不断完善的结果。

在学校，我们请来最基层劳动者、网格员、家长朋友为学生讲述她的工作经历，讲述她的工作故事。听着听着，我不禁眼含泪水，不仅是为她的辛劳付出与所承受的委屈，更是为孩子们的理解——因为我看到了孩子们眼中的泪花。家长们的亲身经历，让孩子知道了什么叫工作，什么叫奉献，什么叫责任，什么叫担当。孩子们不仅让看到了"绿水青山"的来之不易，更懂得了该如何去维护这来之不易的"金山银山"。

看到基层网格员阻止居民点柴时所遭遇到的责难，我不禁流泪，为他们的隐忍；看到冬防人员披星戴月的值守，我不禁感动，为他们的无私；看到环卫人员专注地洒扫死角，我不禁感动，为他们的精细……

虽然，我没有披星戴月去冬防，没有日夜奔波去查访，也没有精打细扫去劳动，但是，作为教师，我要教育好学生，让他们自觉地去维护好这一片蓝天。因为，绿水青山就是金山银山！我相信学生们一定能从自身做起，小手拉大手，带动自己的家长、亲朋们努力做一个好学生、好市民、好公民，为建设我们自己的家乡而凝心聚力，共谱美丽幸福新篇章！

让"杜香微笑"永驻

——"幸福园丁——中国教师幸福教育"公益项目学习心得

2018年5月18日至20日，我和金晓丽老师在北京参加了由清华大学心理学系、清华大学伯克利心理学研究中心等发起的"幸福园丁——中国教师幸福教育"公益项目的学习，对积极心理学和幸福教育有了初步的认识，对心理学方面的部分概念，如"杜香微笑""福乐体验"等有了初步的积累。

作为专业教师，我们参加聚焦课堂的专业培训很多；作为校长，我参加的学校管理、创建等方面的培训也不少，唯独对于心理健康知识层面的了解很少，但自己也需要积极地进行心理疏导，因为我们也要学会自我排解压力！可怎么才能运用心理方面的科学知识化解难题呢？这次培训让我颇有感悟，也获益颇多！

积极心理学，被称为"帮助人类发挥潜能和获得幸福的科学"。培训的目的在于帮助我们掌握幸福的方法，提高自身幸福感，并学会培养幸福的学生，帮助学生、教师拥有健全的人格及幸福的能力，这样才能创造幸福的社会和幸福的未来！

第一天是王阿芹和朱利文老师的讲解。首先讲解了什么是幸福教育；其次讲到了几个知识点，如幸福汉堡模型、工作三境界、如何做到积极关注，以及人格区分的气质类型等；第三是结合很多具体的案例，讲解了在现实生活中该如何运用幸福教育。

第二天是快乐风趣、幽默诙谐的任俊老师教我们如何提高乐商。小白鼠的案例让我们懂得获得幸福感第一要有需求，第二要有诱因，第三要能选择，第四要可控制。下午汪薇老师讲"有选择权和控制权时，孩子的责任感才会升起，能力才会更强"，其观点与任老师不谋而合。正如汪老师所言："如何拥有更多的积极情绪？一要享受快乐，二要发现快乐，三要创造快乐。"而我们在享受快乐中往往不能做到品味积极情绪，因而就不能"提高快乐利用度"；发现快乐的最好方式就是"三件好事"，每天晚上写下今天发生的三件好事及好事的原因，在日积月累中我们就会改变自己的心态，越来越能健康生活、积极工作！

从理论到实际，我都收获了很多，知道了幸福的意义就在于目标的意义加过程的快乐；知道了不能仅仅把工作当作任务和职业来对待，更应该将其当作一种使命；知道了该如何进行积极的关注；知道了怎么发现自己的优势；怎么把自己的劣势转化为优势；知道了怎么把弱点行为化……

尤其在讲到弱点行为化一定要指向行为，不能否定人格时，我不禁想到读过的《非暴力沟通》一书。书中也要求我们对他人的评价要关注具体的行为和细节，而不是一概的否定。但在实际操作中，我们往往都忽略了这一点，没有陈述客观的观察，而是加上了自己的主观判断，于是就变成了对他人人格的评价，就变得不客观、不真实、不实际。

这些让我深深地感受到，作为教师，我们要寻找每名学生的特长，并发挥他们的特长；作为学校的领导，我们要寻找每位教师的优势，并发挥他们的作用。物尽其才，人尽其用，让每个人的天赋乘以投入，发挥他最大的优势。

温文尔雅的汪冰老师的讲座让我们如沐春风，他将高深的理论科学——化解为浅显易懂的春雨，滋润大家的心田。什么叫高水平讲座？不是讲得越高深越好，深入浅出才最重要！感触最深的一句话："不要用自己的期望绑架对他人的爱。"作为家长，我们绑架了对孩子的爱；作为老师，我们绑架了对学生的爱；作为家人，我们绑架了对配偶、父母、亲人的爱……"爱"长挂口头，但没有想过怎么去爱。爱是一门艺术，也是一门学问，更是一种能力。今后，我们应该思考怎么爱，并实践、努力、坚持！在这一点上，师源老师说得好："让我们的能力与挑战相匹配，让我们全神贯注，让我们创意自己的工作，这样，就会有更多的'福乐体验'产生，我们的内驱力就会被激发、被唤醒！"

通过团队的合作、破冰行动，我也感受到了每个小组的凝聚力。大家众志成城，团结一致，积极投入，令人温暖；各种形式的表演都让大家感受到了工作的意义；在教师的热情讲解、学员们的热情参与下，我认识到今后的工作、生活都要正向、积极地影响他人，用一颗热情的心去倡导幸福人生。

快乐可以传播。今后，让我们用更多的"杜香微笑"感染他人、快乐他人。我们要快乐地生活，自信地生活，积极地生活，幸福地生活，让我们用快乐带动快乐，用幸福带动幸福，让更多的"杜香微笑"永驻！

作为一名"培训师"

——参加甘肃省市县教师培训专家团队培训项目心得

2019年3月13日至3月22日，作为甘肃省市县教师培训专家团队成员，我有幸前往重庆西南大学参加甘肃省2018年省级培训项目——市县教师培训专家团队培训项目（第四期）。

西南大学优美雅致的环境、丰厚的人文底蕴、活力四射的青春队伍，时刻冲击着我们的身心。校园里的一砖一瓦、一花一木、一楼一石，无不彰显着西南大学的文化理念和大家风范，无声地传递着历史的积淀，让大家在物化的环境中找寻教育的真谛！

为期9天的培训，一共聆听了12位专家的14场讲座，其中还穿插着学员的小组合作交流、活动展示、学员论坛等。在培训团队中，有教师进修学院的领导、研究员，有教科所的研修员，有教育科学院的领导，有教育评估院的调研员，还有高校的教授、博士，来自教育各领域的专家们为我们全面阐释了"培训者"的内涵及作用。课程内容设计丰富，组织形式灵活多样，既激发了学员们的好学之心，也唤醒了教师内心深处的自省意识。我们认识到了本次培训最大的收获——"角色"的转变：即怎么从一名教师转变成一名"培训师"。因为我们是作为"国培计划"专家团队入围参培的，意味着下一步我们要去指导、培养各地区的一线教师、骨干教师，将他们培养成骨干、专家，然后他们再去培养下一层级的教师。所以，本次培训与以往培训的最大不同就是刷新了我对"培训师"的理解！

作为"培训师"，我们的形象修为、人格魅力、专业素养、教育理念等直接影响着培训的力量、培训的质态、培训的效果；

作为"培训师"，要知晓被培训者之所需，要把脉问诊，对症下药；

作为"培训师"，要从普适性培训走向区域本位或学校本位的教师研修，要明确培训流程及策略途径；

作为"培训师"，还要了解成人学习的特点，因材施教；

作为"培训师"，要给知识、给技术、给系统、给体验、给思想；

作为"培训师"，还要……

学员纷纷感叹：当个"培训师"不容易啊！

但是，坚定的信念让我们不会望而却步，通过学习，获心得一二，与大家分享。

一、转变角色，实现价值引领

这是一个回归学习本质的时代，与智者为伍，教师会不同凡响；与高人做伴，教师能登临高峰。今天的时代，与"谁"在一起非常重要！"培训师"就是智者，就是高人，就是那个"谁"。要想让群体价值观形成，被群体围绕的"培训师"就要发挥自己的价值，让培训群体因自己的存在而绽放光芒，带领培训群体一起走向丰硕。山高人为峰，要想让教师成为山峰，我们必须成为高原。因为，我们能力的高低决定着教师队伍水平的高低。

二、指导培训，紧贴大地行走

指导培训，指导研修，其核心在于建立锐意创新的学习型组织，能指导，善指导。建立"四位一体"逐层提升的培训体系：从教学常规指导，到教学过程指导，再到校本研修指导，最后到关键问题指导。从而催生培训者专业情感，让教师脑中有智慧；提高培训者培训技能，让教师有抓手；落实培训者指导常规，让教师心中有规则。培训者就是要发挥培训的价值判断功能，领导与管理应兼而有之。培训指导，只有静心、务实、精心，才能致远。

三、一念三力，聚焦核心素养

培训师的核心素养，即一念三力：学科培训理念，学科教学能力、学科教研能力、学科培训能力。而如今，我们的短板就在于学科培训能力。聚焦短板，我们该如何做？渝中区教师进修学院研究院王小毅老师给出了答案："一要训中再训，二要出版专著，三要后续培训。"切实可行的做法看似简单，实则不易，它贵在坚持，需要恒心、韧劲。只有自律了，才能促进教师自我理解和专业自觉；只有自燃了，才能满足当今教师专业持续发展的追求。

四、策略指引，构建研修共同体

专家们的讲座不乏细节化的、可操作性的策略指引，这给我们今后的培训策略提供了指引："三课654"学科引导法，"三研二上一讲座"课例研修法，教师培训"531"学思行研究，思维导图式的学习架构，参与式的校本研修……很多可借鉴、可实施、可操作的方法、技巧，激起我们灵魂的碰撞，引发我们思维的共鸣，唤起我们尝试的冲动。心动不如行动，让这些方法策略落地、生根才是最重要的。

短暂的培训转瞬即逝，回望我们的学习环境，嘉陵江水碧连天，绿树红花常相伴，紫薇馨香，愉悦身心；回望我们的学习氛围，真诚互助齐相帮，积极主动敢担当，合作互动，竞争比拼；回望我们的学习过程，学思结合敢质疑，修己悟道自作吟。回望，能让心中的回味历久弥香；回望，能让脑中的记忆历久弥真；但展望，更能让我们大步向前，再试锋芒！